Odeon

K VYDÁNÍ PŘIPRAVILI JOSEF ČERMÁK A MARTIN SVATOŠ

Franz Kafka

Dopisy rodičům z let 1922—1924

PŘELOŽIL A ÚVOD NAPSAL JOSEF ČERMÁK
TEXTOVÁ PŘÍPRAVA, KOMENTÁŘ A EDIČNÍ POZNÁMKA
JOSEF ČERMÁK A MARTIN SVATOŠ

Poslední portrétní fotografie F. Kafky, z r. 1923 nebo 1924 (in KW)

ISBN 80-207-0162-1

ÚVOD

Kýženého cíle všech editorů literárních děl, dosáhnout materiálové úplnosti textu, se dosahuje, jak zkušenosti učí, nejtíže u korespondence. Ta díky svému přirozenému rozptylu zpravidla nejdéle odolává úsilí vydavatelů o úplnost, proto s ní bývají nejčastěji spojovány i naděje na další rukopisné „objevy". I když u Franze Kafky vzhledem ke zvláštnímu osudu jeho rukopisů za života i po smrti není dosud vyloučen jakýkoliv jiný rukopisný nález, patří rukopisné přírůstky z posledních desetiletí téměř výhradně do oblasti korespondence.

A nemělo by překvapovat, že k nálezu došlo dvakrát za sebou v Praze: Počátkem šedesátých let se tu z rodinného majetku vynořil soubor dopisů adresovaných nejmladší sestře Ottle (zčásti též rodičům a oběma sestrám a Ottlinu manželovi Josefu Davidovi), které byly později roku 1974 řízením osudu vydány v zahraničí. V roce 1986 bylo pražskému antikvariátu v Dlážděné ulici nabídnuto a prodáno dalších 32 dopisů a dopisnic určených rovněž rodinnému okruhu adresátů; tentokrát je nabídl člověk nemající ke Kafkovi a jeho rodině pokrevní ani jinak přímý vztah.

V mezerovitém korpusu Kafkovy zachovalé korespondence představuje tento nový soubor dopisů z posledních dvou let života další zlomek. Je zatím záhadou, kdy a jak se oddělil od ostatní rodinné korespondence,

k níž patří, záhadou o to větší, že jeden z dopisů znal a — byť poněkud nepřesně — ve své kafkovské monografii v třicátých letech publikoval Max Brod. Nepochybně to souvisí se zvláštními osudy Kafkovy rukopisné pozůstalosti. Dnes je nově nalezený rukopisný soubor uchováván jako součást osobního fondu Franze Kafky v literárním archívu Památníku národního písemnictví v Praze.

Soubor obsahuje 9 dopisů, 22 dopisnic a 1 pohlednici; představuje další fragment korespondence rodičům (v přípisech i dalším členům rodiny) z posledních dvou let Kafkova života. První z dopisů byl napsán v červenci roku 1922 v jihočeské Plané nad Lužnicí a poslední v Kierlingu bezprostředně před smrtí. Soubor zčásti vyplňuje mezery, které jsou v Kafkově korespondenci let 1922—1924 obzvlášť patrné, a přispívá tak k detailnějšímu poznání Kafkovy životní situace v letech vrcholící nemoci, v kafkovské literatuře ve srovnání s mladšími lety mnohem méně dokumentovaných, jak je vidět už z Brodovy monografie stejně jako z nedávné monumentální Binderovy kafkovské „encyklopedie" KAFKA – HANDBUCH. *Nález tvoří ex post součást svazku* DOPISY OTTLE A RODINĚ, *publikovaného roku 1974 Hartmutem Binderem a Klausem Wagenbachem ve Fischerově nakladatelství ve Frankfurtu, a vytváří s ním soubor stále ještě fragmentární. Pokud bude Kafkova korespondence dále vydávána v cyklech podle adresátů, přibyl jím další pádný důvod k novému, rozšířenému a opravenému vydání korespondence rodině.*

Jediným dopisem rodičům je v pražském nálezu doložen Kafkův tříměsíční pobyt v Plané nad Lužnicí v roce 1922 (23. 6.—19. 9.). Kafka bydlel v Plané u své sestry Ottly, která si tam najala letní byt v domě manželů Hniličkových v dnešní Příčné ulici č. 145. Dům s upravenou fasádou, ale se zachovanou dispozicí vnitřku stojí dodnes. Pražští hosté obývali první poschodí či spíše podkroví: dvě místnosti, velkou, kterou obětavá Ottla nezištně postoupila svému hlukem pronásledova-

nému bratrovi, a maličkou, skosenou podkrovní, do níž se uchýlila s půldruhaletou dcerou Věrou, se služkou a o víkendech i s mužem, a kuchyň v půdním prostoru.

V Plané vznikla závěrečná část rozepsaného ZÁMKU, *s níž byl Kafka neobvykle spokojen, v Plané rovněž koncem srpna padlo rozhodnutí práci na* ZÁMKU *navždy přerušit. V Plané také u Kafky došlo, ze zdánlivě nevýznamných podnětů, postupně ke čtyřem nervovým krizím, které sám označuje slovem „zhroucení". Prvním podnětem byl hluk, který dělaly děti pod jeho okny a o němž se zmiňuje i náš dopis z Plané. Zrod a odraz všech těchto krizí můžeme sledovat v publikované korespondenci z Plané, z 25 dopisů, až na jednu výjimku adresovaných nejbližším přátelům: Maxi Brodovi, Robertu Klopstockovi, Oskaru Baumovi a Felixi Weltschovi. Jinak Kafka v Plané navázal dosti živý kontakt s okolím; silně opět prožívá vztah k „paní domácí". V korespondenci jsou obsažena zajímavá pozorování týkající se jeho mikrosvěta, bytového interiéru, okolí domu i toho, co viděl na pravidelných každodenních procházkách se psem paní domácí, vedoucích vždy stejným směrem podél řeky Lužnice k mlýnu Soukeník a k statku na Pracově.[1)] Život v Plané, která tehdy po první světové válce prožívala konjunkturu prudce se rozvíjejícího letoviska, jej jinak příliš nezajímal. Svůj tříměsíční pobyt třikrát přerušil cestami do Prahy, hlavně aby navštívil nemocného a zotavujícího se otce, na jehož operaci naráží též náš dopis. Obsáhlý přípis sestře Elli skrupulózním způsobem usiluje o napravení „ostudy", kterou si Kafka — jak se domnívá — udělal v berlínském Ewerově knihkupectví, a v závěru rezignovaně komentuje školní výchovu Elliny dcery v Německu, o kterou marně usiloval. Doba strávená v Plané patřila k relativně šťastnějším životním obdobím Franze Kafky. Po návratu ji*

1) Detailněji na toto téma viz Josef Čermák: Pobyt Franze Kafky v Plané nad Lužnicí (Léto 1922), Světová literatura 1989/1 s. 219—237.

v DENÍCÍCH *komentuje slovy: „Až na ta přerušení dobré časy, vděčím za ně Ottle."*

Bohatěji je v pražském nálezu zastoupeno období Kafkova berlínského pobytu, a to 18 dopisy a dopisnicemi ze všech tří berlínských bydlišť. Odchod do Berlína byl, jak známo, krizová záležitost, pokus o únik z okruhu rodiny a ze závislosti na ní, z drtivého sevření Prahy, potřeba a odhodlání postavit se konečně na vlastní nohy a vést společný život s Dorou Diamantovou. „Celá tato berlínská záležitost je věc velice křehká, byla lapena z posledních sil a odtud si zachovala velikou citlivost," píše 8. října 1923 Ottle. Původně to měla být jen několikadenní návštěva. Kafka o cestě do Berlína mluví jako o „šíleně odvážném činu" a přirovnává ji k Napoleonovu tažení do Ruska. Ostatně už delší čas v něm zrála představa, že Berlín pro něho může být záchranou, „lékem proti Praze" a zároveň přestupní stanicí na cestě do Palestiny. Přípravy na tuto cestu (patřilo k nim i studium hebrejštiny), ke které mělo dojít v říjnu 1923, byly však dosti platonické, a jak sděluje v listopadu téhož roku Mileně Jesenské, asi by k ní nikdy nedošlo, byla to fantazie člověka, který je přesvědčen, že se nehne ze své postele.

Kafka svůj pobyt v Berlíně, jako často v podobných případech, neustále prodlužoval tak dlouho, až dobrovolný návrat už nebyl možný. V říjnu se vzdal i svého úmyslu zajet na několik dní do Prahy a zařídit tam různé praktické věci. A tak v Berlíně prožil zlé časy prudce se horšící hospodářské situace, obrovské inflace, kdy ceny „šplhaly jako veverky", finanční tísně — doplácel na nevýhodný kurs při výměně československých peněz, své penze, kterou mu rodiče z Prahy posílali —, hmotného nedostatku. Musel se s Dorou neuvěřitelně uskrovňovat, sebemenší mimořádný výdaj byl pro něj problémem (např. koupě pantoflí). Jeho korespondence s rodiči je v té době ve znamení balíčků s potravinami a s věcmi nutné denní potřeby, které mu rodina z Prahy posílá, je plná starostí o holé živobytí. Zdáli tam prožil vypjaté dny revo-

lučních nálad a pouličních nepokojů.

Prvním společným bydlištěm Franze Kafky a Dory Diamantové byla jedna místnost v Berlíně-Steglitzu, Miquelstrasse 8, u Moritze Herrmanna (24. 9.—15. 11. 1923), pokoj s arkýřem, s plynovým, ale dobře nefungujícím vytápěním, s krásnou pohovkou, ale nepřiléhajícími dveřmi a s energickou a vypočítavou paní domácí, která si ho brzy podmanila a kvůli níž se posléze po méně než dvou měsících odstěhoval; zanechala však stopu v jeho díle (MALÁ PANÍ). *Nejvíc si na svém prvním bydlišti cenil krásné a zdravé, už téměř venkovské okolí: voňavé zahrady a volnou přírodu, do které tehdejší Miquelstrasse ústila.*

Přestěhoval se o pouhé dvě ulice dál v téže čtvrti, do vilky manželů Seiffertových v Grunewaldstrasse 13 (15. 11. 1923—1. 2. 1924), kde si pronajal dva zařízené pokoje v prvním patře, větší obývací pokoj a menší ložnici s ranním sluncem, s ústředním topením a s elektrickým světlem. Majitelé bydleli v přízemí, v prvním poschodí však měli ložnici mezi místnostmi obývanými Kafkou. Byt ve vile se zahradou byl krásný, ale drahý. Sem Kafka zval Ottlu, rodiče i další příslušníky rodiny, jmenovitě strýce Siegfrieda; přijela — koncem listopadu — jedině Ottla. I zde se jako obvykle vyvinulo jisté napětí ve vztahu k paní domácí, i když zřejmě ne tak silné jako v předchozím případě. Zpětně, jak měl ve zvyku, Kafka sděluje, že tato paní domácí, s níž se nicméně rozešel „v lásce a s dojetím“, Ottlu za její berlínské návštěvy „využívala“. Měsíc předem signalizuje odchod z tohoto bytu, k němuž došlo počátkem února 1924. Paní domácí prý nevychází s penězi a chce celé patro pronajmout výhodněji některé rodině. Skutečnost však byla jiná: „dostal jako chudý, placení neschopný cizinec výpověď“.

Pobyt v Miquelstrasse a Grunewaldstrasse je poznamenán velkou nouzí. Našli bychom v té době málo spisovatelů, kteří se museli tak uskrovňovat. Bez pomoci zvenčí, v daném případě především rodiny, by berlínskou

bídu snad ani nepřežil. Přitom Kafka, jako vždy, chrání rodinu před nepříjemnými zprávami důmyslnou taktikou „zbožných lží“, nepříjemné skutečnosti sděluje zpravidla dodatečně, se zpožděním, ve chvíli, když už jejich platnost pominula. Ustavičně se brání zasílání všeho, potravin i věcí denní potřeby, co nezbytně s Dorou nepotřebují, informuje rodiče o každé výhodné koupi, o každém příznivém pohybu cen. Zpočátku, než se zaběhne zasílání peněz z Prahy, trpí nedostatkem prostředků a musí si i vypůjčit. S obtížemi se vyrovnává s vysokou činží, děsí se nákladů za otop, stěžuje si na vysoké poplatky za praní prádla. V době prudce rostoucí inflace závratně rostou i ceny poštovného: nemá dost peněz na frankování dopisů, omezuje svou korespondenci na dopisnice, které popisuje do posledního milimetru: odtud tolik přípisů po všech čtyřech okrajích. Žije v trýznivém odříkání: nemá na oběd v restauraci a mučí se četbou vyvěšených jídelních lístků, nemá na divadlo, ale nepřestává se zajímat o programy ani o cenu lístků. Za zoufalých podmínek se s Dorou stravují doma z potravin zaslaných z Prahy; na prvním místě je to máslo, na berlínském trhu dokupují to, co je únosné a co přijde výhodněji. Jeho dopisy rodičům přitom nejenom překypují vděkem, ale snaží se vytvářet dojem spokojenosti a růžové perspektivy.

Koncem roku 1923, mezi vánocemi a Novým rokem, se Kafkův zdravotní stav prudce zhoršil: sám to s obvyklým zpožděním sděluje rodičům. Rodina na to reaguje dalším zvýšením péče, která Kafku přivádí do rozpaků a začíná mu být i podezřelá. Z domova mu navrhují, aby opustil Berlín a jel se zotavit do Merana, kde pobýval už v roce 1920. Na to Kafka dělá protitah a pokouší se sám najít nové místo pobytu, a to v Litoměřicích, kde žila jeho teta, podruhé provdaná žena jeho strýce Heinricha Kafky, a které znal z návštěv příbuzných i z úředních cest. Jeho snaha skončila bez výsledku.

Další, třetí berlínskou štací (1. 2. až 17. 3. 1924) „ubohého vystěhovalce“ byla čtvrť

Zehlendorf, Heidestrasse 25—26. Dopis č. 14 z pražského nálezu popisuje průběh stěhování za velice špatného počasí, ve zlém zdravotním stavu, kdy nájemník je stejně bezmocným předmětem stěhování jako jeho věci. Nový byt, tentokrát v domě dr. Busseové, vdovy po zemřelém spisovateli dr. Carlu Busseovi, je trochu hlučnější, ale jinak v něm Kafka ve zprávě rodičům opět nachází řadu předností: hlavní pokoj je vystaven přímému slunci, může se slunit i na verandě, byt je víc oddělen od ostatních částí domu, bydlení v prvním poschodí skýtá větší volnost, okolí je ještě venkovštější než ve Steglitzu, vytápí se kamny. Dole v hale je k dispozici telefon, ale Kafka prosí, aby se mu netelefonovalo: není už zřejmě schopen v nepřítomnosti Dory sejít z prvního patra k telefonu.

Až do této chvíle zval Kafka rodinu, zejména matku a strýce, aby ho přijeli navštívit. Když však 19. února 1924 najednou dostává lístek od strýce Siegfrieda, lékaře, který chce nečekaně přijet — zřejmě na popud Maxe Broda, jehož za poslední návštěvy Berlína vyděsil Kafkův zdravotní stav —, netuší nic dobrého a pokouší se strýcovo rozhodnutí zvrátit. Ten nicméně přijíždí a vynutí na Kafkovi slib, že opustí Berlín a pojede se léčit do sanatoria, do Wienerwaldu u Pernitzu v Rakousku, kde měl Siegfried Löwy známého lékaře krajana, nebo do Davosu — rodina a přátelé zřejmě přicházeli s různými návrhy. Na počátku jara, 17. března 1924, odjíždí Kafka velice nerad z Berlína, opouští velký tichý slunný byt a podle něho krásnou krajinu na pokraji města a tentokrát i výjimečně příjemnou paní domácí.

K pobytům v rakouských léčebných ústavech přispívá pražský nález nejpodstatněji. Zejména pobyt v sanatoriu Wienerwald, na klinice prof. Hajka ve Vídni a první dny pobytu v sanatoriu dr. Hoffmanna v Kierlingu můžeme sledovat v souvislém časovém pořádku. Dopisy odcházejí denně, ob den nebo v intervalech několika málo dnů. Jsou sice stručné, ale bohaté na fakta, takže

přinášejí nové detailní poznatky.

Když Kafka odjížděl z Berlína, počítal, že se v Praze zdrží dva tři dny. Zdržel se tam však téměř tři týdny, nepochybně i proto, že zdravotních potíží přibývalo (ztratil např. hlas) a rodina musela vyhledat lékařskou pomoc. Do sanatoria Wienerwald odjel až 5. dubna 1924. Dora Diamantová strávila několik dní ve Vídni a potom se ubytovala v chalupě vedle sanatoria. Pobyt ve Wienerwaldu trval necelý týden (5. 4.—10. 4. 1924). Pacient vážil oblečený 49 kg, bral třikrát denně pyramidon proti kašli, předmětem obav byl krk. Protekce sjednaná strýcem Siegfriedem se nikterak neprojevila, ani slibovanou slevu Kafka nedostal. Lékař, strýcův známý, nastoupil totiž zrovna dovolenou. Ani poměry v sanatoriu se pacientovi nelíbily, nadšení v něm budila jen okolní krajina. Pak se ukázalo, že si v sanatoriu s krkem nevědí rady; poslali tedy Kafku na laryngologickou kliniku prof. Marcuse Hajka ve Vídni. Převoz, jak zaznamenal Max Brod, se uskutečnil za špatného počasí v otevřeném autě. Dora po celou dobu ve voze stála a chránila Franze proti dešti a větru.

Pobyt na Hajkově klinice trval rovněž jen něco přes týden (10. 4.—19. 4. 1924). Dne 10. dubna je u Kafky definitivně zjištěna tuberkulóza hrtanu. Chybí mu tam lesní vzduch Wienerwaldu, ale když se po několika dnech zlepšilo počasí, raduje se ze slunce vstupujícího otevřeným oknem a těší se, že se s lůžkem přestěhuje do střešní zahrady, odkud byl hezký rozhled po celé Vídni. Denně je u něho v poledních hodinách Dora, která dostala povolení pacientovi vařit, jenže ten už většinou nemůže jíst, má naběhlý hrtan, trpí žízní a nesmí pít. Dora žádá Kafkovy rodiče, aby poslali přikrývku a polštář, protože klinika dává pacientům opravdu jen to nejnutnější. Dora spolu s Robertem Klopstockem nakonec prosadili, aby byl Kafka z Hajkovy kliniky, kde trpěl deprimujícím prostředím a podle Broda i nedostatečnou lékařskou péčí, propuštěn do domácího ošetřování, ve skutečnosti však do sanatoria dr. Hoffmanna v Kierlingu

u Klosterneuburgu. Dora mu tam předem vyjednala hezký pokoj s balkónem na jižní stranu.

V sanatoriu dr. Huga Hoffmanna v Kierlingu prožil Kafka zbývajících šest týdnů života (19. 4.—3. 6. 1924). Přátelé, zejména Felix Weltsch, se zasazují, aby Kafku prohlédla největší vídeňská lékařská kapacita, „král vídeňských plicních lékařů", pravděpodobně prof. Heinrich Neumann, profesor na vídeňské klinice pro nemoci ušní, nosní a hrtanové. Ale ortel je už vyřčen. Neumannův asistent doc. Oskar Beck v dopise Felixi Weltschovi, jejž ve své biografii Franze Kafky zčásti otiskl Max Brod, potvrzuje tuberkulózu hrtanu, zasahující i část hrtanové záklopky. Na operativní zákrok nelze podle něho pomýšlet, aplikuje alkoholové injekce do nervus laryngeus superior, které Kafka dostával už na klinice prof. Hajka. Prof. Neumann odhaduje délku pacientova života přibližně na tři měsíce, doc. Beck doporučuje převoz do Prahy. Dora Diamantová, která v těchto týdnech spolu s Robertem Klopstockem bere péči a odpovědnost za Kafku do svých rukou, to odmítá, protože by se tím pacientovi ujasnilo, jak těžce je nemocen. Chce naopak volat ke konciliu celou řadu dalších odborníků. Doc. Beck jí musí vysvětlit, že žádný odborník už Kafkovi nepomůže a že bolesti lze zmírnit už jen pantoponem nebo morfiem. Žádá Felixe Weltsche, aby vyložil příbuzným, jak je pacientův stav vážný.

Lékaři už nemohou pomoci. Nastává situace, kterou nejlépe vyjádřil sám Kafka v jednom ze svých GESPRÄCHSBLÄTTER, *lístků, pomocí nichž se dorozumíval se svým okolím: „Tak pomoc znovu odchází, aniž pomohla." Zvolna přestává psát, jeho psaní se omezuje na kratší přípisy k Dořiným dopisům. Ty se od konce dubna začínají omezovat na drobná sdělení praktické povahy. Dora žádá o peřinu a polštář, které sanatorium neposkytuje, popisuje Franzův pohyb mezi pokojem a balkónem, opakovaně zdůrazňuje, jak dobře je o něho postaráno. Charakteristická je věta z květnového dopisu č. 31: „Není také mnoho o čem*

psát." Důkazem toho je málo obsažný dopis o uzdravující síle okolní přírody.

Poslední dopis pražského nálezu je fascinující. Kafka tehdy už bojuje zoufalý zápas s žízní. Vrací se do dětství a mládí, oslovuje otce, s nímž ho spojuje nezapomenutelný „pijácký" zážitek. To je však jen záminka k otevření velkého tématu: rodiče chtějí Franze navštívit. Kafka v dopise — je to jeho poslední dopis vůbec — načrtává idylickou perspektivu takové návštěvy, ale vzápětí návrh řadou logicky seřazených argumentů odmítá. Bojí se jí, nechce být v tomto svém stavu viděn. Cítíme velké fyzické vypětí, zápas se silami, které nakonec selhaly, takže dopis zůstává nedokončen. Ale pisatel chce ještě cosi naléhavého sdělit, takže mu pero z ruky bere Dora, aby pokračovala. Napíše však jen uvozovací větu končící dvojtečkou, která měla ono sdělení uvádět. Vzniká arcikafkovský dokument, text dvakrát nedokončený. Kafkovi v tu chvíli zbývá několik hodin života: je 2. června a 3. června 1924 Franz Kafka umírá.

Nově nalezený soubor dopisů vyplňuje v Kafkově korespondenci s rodinou z let 1922—1924 některé mezery, i když opět jen částečně. Mezeru roku 1922, který ve svazku Dopisů Ottle není vůbec zastoupen, aspoň symbolicky zmenšuje jeden dopis z Plané. Přitom je nemyslitelné, že by Kafka za svého tříměsíčního pobytu v Plané, plného rušných rodinných událostí (otcova operace), s rodinou nekorespondoval nebo že by se stále nechal zastupovat Ottlou. Citelné mezery, zejména v roce 1924, vyplňuje korespondence z Berlína. I z tohoto období — zejména v počátečních měsících berlínského pobytu psal Kafka rodičům často a dosti pravidelně — ještě mnoho korespondence chybí, např. z října a listopadu 1923, kdy Kafka své dopisnice čísloval, prokazatelně 8—9 po sobě následujících dopisnic. Největší faktografickou hodnotu má korespondence rodičům z rakouských léčebných ústavů, ve svazku Dopisů Ottle zastoupená zcela sporadicky. Vydaná korespondence s rodinou

dostává tak novým pražským nálezem ve své závěrečné části podstatně úplnější a plnější podobu.

Podrobněji jsme z nového rukopisného nálezu zpraveni o Kafkově spojení s Prahou v době jeho berlínského pobytu, o jeho všednodenních detailech, o interiérech a exteriérech berlínských obydlí, o materiálních starostech a celkové tíživé životní situaci v době obrovské, prudce rostoucí inflace, jedné z největších v novodobých evropských dějinách. Zároveň korespondencí a jejími drobnými fakty prosvítá vřelý vztah k matce a zastřeněji i složitý vztah k otci (v celé korespondenci jsou oslovováni rodiče, ale Kafka se v ní obrací vlastně jen k matce), vztah k „slečně" Wernerové a k strýci Siegfriedovi, k „paním domácím", je tu zachycena historie zamýšlených a neuskutečněných návštěv členů rodiny a paradoxně i jeho krásný vztah k rodině přes osudovou nutnost vlastního osvobození z jejích pout. Především tu však dostáváme otřesně konkrétní doklady o bídě a nouzi spisovatele, který si ohřívá jídlo na nedopalcích svíček, popisuje laciné dopisnice do posledního místečka, protože nemá na známky, a zakoupení petrolejové lampy považuje za světodějnou událost. V berlínské korespondenci se toliko dvakrát zmiňuje o svém zdravotním stavu, třebaže se zhoršoval a na přelomu roku 1923 prošel zřejmě krizí, která rozhodla o dalším tragickém vývoji; zato následující korespondence z Vídně mluví v podstatě už jen o zdravotním stavu. Nad korespondencí z Berlína se ještě aspoň občas klene jistá pohoda. Pisatel ještě disponuje jistým fondem fyzických i psychických sil a je schopen překonávat bídu vlastní situace synovskou starostlivostí. Dostává se nám plastických, byť stručných zpráv o věcech, které dosud odjinud neznáme, jako je slavení silvestra v Steglitzu (č. 12), stěhování do Zehlendorfu (č. 15) anebo nezdařený plán na přestěhování do Litoměřic (č. 14). Získáváme plnější představu o tom, jak se rodina snažila přinutit Franze, jehož nemoc se prudce zhoršovala, aby

opustil Berlín, a o jeho obranných manévrech.

V korespondenci z rakouských léčebných ústavů dosud chyběly dopisy ze sanatoria Wienerwald a z kliniky profesora Hajka; Kierling byl zastoupen skrovně. Třináct kusů korespondence z pražského rukopisného nálezu rozsahem převyšuje veškerou dosud publikovanou korespondenci z těchto míst. Vedle množství drobných údajů z bezprostředního okolí pacientova lůžka a o nemocničním režimu se při pozorném čtení vyjevuje stupňující se psychické vypětí pacienta i jeho spolukorespondentky Dory Diamantové, jejíž přípisy se začínají objevovat pravidelně, když už se Kafkovi zjevně nedostává sil. Koncem dubna se role vyměňují: Dora přejímá obtížnou úlohu hlavní pisatelky a Franz připisuje. Dořiny texty se pokoušejí vyhnout drsné skutečnosti pacientova stavu uklidňující bezobsažností. O to víc je v nich cítit rostoucí napětí. Kafka v korespondenci posledních týdnů najednou navazuje jakoby ztracený kontakt s otcem přes vzpomínky z mládí a skrze jakési mužské srozumění, kdy si žízní ztrápený pacient vyvolává vidiny společných pijáckých zážitků nebo vojenského života. Svědectvím obrovské psychické zátěže a zoufalého zápasu se silami je poslední dopis několik hodin před smrtí, s „talmudistickou“ dialektikou usilující o odvrácení rodičovské návštěvy. Síly však na tolik bolesti a lásky, na tolik chtění a nechtění už nestačily.

V některých případech, na které se vydavatelé snaží upozornit ve svém komentáři, umožňuje tato nově vydávaná korespondence určit nebo upřesnit fakta či opravit omyly dosavadních vydavatelů Kafkovy korespondence. Jde především o dataci, dále o nedopatření a omyly v bohemistickém materiálu, někdy i v popisu a výkladu životopisných fakt. To se týká hlavně svazku DOPISŮ OTTLE A RODINĚ, *jejž tento nový soubor v závěrečné části podstatně doplňuje, ale i Brodovy edice* DOPISŮ *z let 1902—1924 a v několika málo případech i pečlivého nového a rozšířeného*

vydání DOPISŮ MILENĚ, *pořízeného Jürgenem Bornem a Michaelem Müllerem. Prokazuje se také, že by bylo chybou netisknout přípisy jiných osob, ať už jde o Doru nebo jiné pisatele. Nové informace z nalezených textů umožňují i přesnější chápání smyslu některých míst v již publikované korespondenci a přesnější stanovení časových souvislostí.*

Nový nález tak přispívá k plnějšímu a podrobnějšímu poznání Kafkova života posledních dvou let. Je to jistě příspěvek potřebný a vítaný v době, kdy detailní zkoumání konkrétní situace tohoto autora — vzhledem k povaze díla a jeho vztahu ke konkrétní životní realitě — platí víc než volné interpretace jeho textů.

Dopisy je však třeba ocenit i po stránce literární, například to, jak je v nich vyjádřen konkrétní detail a jak tento detail transcenduje do roviny vyššího smyslu. Kafkova korespondence, zejména ta, která netvoří součást velkých cyklů určených hlavním adresátům, je vůbec stále — ještě víc než jeho DENÍKY *— nedoceněna jako literární dílo. Dosud jí hlavně využívá kafkovská literatura k citacím podpírajícím výklady osobnosti nebo interpretace díla. Je třeba, a to zejména ve světle nových akribických přístupů ke Kafkovi, které jediné jsou s to zabránit inflaci arbitrárních interpretací, hledat i v jeho korespondenci krásu výrazu, pronikavost myšlenky a jemnost analýzy, stejně tak jako sílu detailu, patrnou i z textů našeho souboru, schopnost přesně detail vidět a popsat a učinit z něho základ vyššího smyslu. Tyto dvě jen zdánlivě nespojité vlohy vytvářejí polaritu Kafkova literárního projevu. A čtenář Kafky se musí stále znovu snažit, aby urazil dlouhou cestu od zdánlivě málo významného detailu ze všednodenní skutečnosti až k hlubinám skrytého smyslu jeho díla.*

JOSEF ČERMÁK

1

2

3

4

1 Planá nad Lužnicí
— starý dřevěný most přes Lužnici (in RH)
2 Dům manželů Hniličkových, bydliště
F. Kafky v Plané; dnes v Příkré ul. č. 145
(foto Jaroslav Novotný)
3 Interiér domu manželů Hniličkových
(foto Jaroslav Novotný)
4 Pohled z okna Kafkova bytu v Plané
na zámečnickou dílnu a niklovnu
ve dvoře (foto Jaroslav Novotný)

1 Liebste Eltern, vielen Dank für die guten Nachrichten. Nur möchte ich gern Einzelheiten wissen, die aber mit 2 Zeilen zu beantworten wären: wie es sich mit dem Liegen verhält, wie oft und wie lange Mutter Du dort bist, wann die Näthe herausgenommen wurden, wann die Rückkehr zu erwarten ist. Ich will erst kommen, wenn der Vater zuhause ist, aber man erzählte doch etwas von einem 12tägigen Sanatoriumsaufenthalt und der wäre etwa heute vorüber. – Uns geht es sehr gut, Ottla ist mit Vera spazieren einigemal im Tage sagt sie (die Ottla nämlich) daß sie gern schreiben würde aber sie ist doch die Hausfrau, wie soll sie schreiben in der einen Hand den Kochtopf in der andern die Windeln, in der dritten die Bonbons für die Kinder, welche sie von dem Spielplatz unter meinem Fenster weglocken, wegbitten, wegschimpfen muß. Und dann: wenn ich Ihr nicht wenigstens die paar Sekretärdienste (als Obersekretär der ich bin) leisten wollte es wäre traurig. Was ich also schreibe, gilt auch schon von ihr geschrieben.

Herzlichst Franz

Liebe Elli, wie Du mir entschlüpfst, gewiß trifft Dich auch dieser Brief nicht mehr in

[PLANÁ NAD LUŽNICÍ,
26.—27. ČERVENCE 1922][1)]

Nejmilejší rodiče, srdečný dík za dobré zprávy. Jen bych rád znal podrobnosti, které se však dají zodpovědět 2 řádky: jak je to s ležením, jak často a jak dlouho tam, matko, býváš, kdy budou vytahovat stehy, kdy se dá čekat návrat. Přijet mám, teprv až bude otec doma, ale mluvilo se přece cosi o 12denním pobytu v sanatoriu a ten měl vypršet nejspíš dnes. — Nám se daří velmi dobře, Ottla[2)] je s Věrou[3)] na procházce, několikrát za den říká (totiž Ottla), že by ráda napsala, ale má přece na starosti domácnost, jak má psát v jedné ruce hrnec, v druhé pleny, ve třetí bonbóny pro děti, které musí odlákávat, prošením, hubováním vyhánět z hřiště pod mým oknem.[4)] A pak: kdybych jí neprokázal alespoň nějakou tu službu jako tajemník (jako vrchní tajemník, jímž teď jsem),[5)] bylo by to smutné. A tak to, co píšu, platí, jako by to psala i ona.

Co nejsrdečněji pozdravuji.

Milá Elli,[6)] protože mi unikáš, určitě Tě ani tento dopis už neza-

Dopis, 1 dvojlist 23,8×14,4 cm, popsány 4 strany perem; přípisy Ottly a Kafky tužkou.

1) Nedatováno; datum určeno z obsahu dopisu („... mluvilo se přece cosi o 12denním pobytu v sanatoriu a ten by měl vypršet nejspíš dnes“), z dopisů Oskaru Baumovi ze 16. 7. 1922 (Br, 394): „... čtrnáctého odpoledne jsem dostal v Plané telegram... Jel jsem hned do Prahy, ještě čtrnáctého večer byl otec operován...“ a Robertu Klopstockovi z 24. 7. 1922 (Br, 398): „otec... byl před devíti dny operován...“

2) Ottla (Ottilie, 1892—1943), nejmladší a nejmilejší Kafkova sestra, provdaná Davidová.

3) Věra Davidová (nar. 1921), první Ottlina dcera, oblíbená neteř Franze Kafky, později provdaná Projsová, pak Saudková; publicistka, překladatelka a nakladatelská redaktorka žijící v Praze.

4) V několika dopisech z Plané adresovaných Felixi Weltschovi a Maxi Brodovi si Kafka stěžuje na hluk, který dělají děti hrající si pod jeho okny. Dvakrát se při tom zmiňuje o Ottlině ochranném zásahu: „Právě mi Ottla přináší zprávu, že (bez vyzvání, mnou nikterak neupozorněna, dole v kuchyni na dvoře mimoto děti skoro neslyší) děti poslala pryč a že — je to ta slušná skupina — velice ochotně odešly.“ (Br, 393) — „¾ 8 ráno, děti (které pak Ottla vyhnala) jsou už tu, po podivuhodně dobrém dni, tom včerejším, jsou už tak brzy tady, nejdřív jen dvě a dětský žebřiňák, ale to stačí.“ (Br, 399)

5) Podle dekretu ze dne 14. února 1922 čj. 122/1922 byl Kafka jmenován vrchním tajemníkem Dělnické úrazové pojišťovny pro Čechy v Praze (viz Výkaz služby — Dienst-Tabelle II v LA PNP, FK, č. kart. 2).

6) Elli (Gabriele, 1889—1941), nejstarší ze tří Kafkových sester, provdaná Hermannová.

1[2]

in Prag an. Ich habe Dir nämlich nach Rauns-
haupten geschrieben, Brief und Karte, und Dich
gebeten meine Schande beim Ewer wieder gut-
zumachen. Es gibt drei Möglichkeiten dafür:
entweder in Berlin zu ihnen zu gehn (Berlin
NW 7 Dorotheenstraße 35) was vielleicht jetzt
auf der Rückfahrt möglich wäre und sich
empfehlen würde, weil man sich mündlich doch
am besten beraten kann und entschlußkräftiger
wird oder dadurch daß Du schriftlich
etwas bestellst und es Dir nach Prag schicken
läßt oder schließlich es Dir nach Raunshaupten
schicken läßt wobei Du gegenüber der zweiten
Möglichkeit etwa 25 % ersparen würdest.
Liebe Elli, es handelt sich ja nicht darum
daß Du irgendeine große Bestellung machst,
sondern nur paar Bücher kaufst, nicht
um der Ewerbuchhandlung auf die Beine
zu helfen auf denen sie ja fest genug
steht sondern um ihr zu zeigen, daß ich
kein Lügner, kein ausgelassener Schuljunge
bin der ihr Briefe, Prospekte, Vorschläge
herauslockt um dann als Abschluß seiner
Taten keine persönliche Auskunft (mit Deiner
vollen Zustimmung oder gar auf Deine

stihne v Praze. Psal jsem Ti totiž do Brunshauptenu,[7] dopis a lístek, a prosil jsem Tě, abys u Ewera[8] napravila ostudu, kterou jsem tam udělal. Jsou pro to tři možnosti: buď k nim v Berlíně zajít (Berlin NWf Dorotheenstrasse 35), což by snad bylo možné teď při zpáteční cestě a hodilo by se to, protože ústně si přece člověk dokáže nejlépe poradit a víc se osmělí, nebo tím, že písemně něco objednáš a dáš si to poslat do Prahy, nebo si to konečně dáš poslat do Brunshauptenu, přičemž proti druhé možnosti ušetříš asi 25 %. Podívej, Elli, nejde přece o to, abys dělala nějakou velkou objednávku, nýbrž koupila jen několik knih, nikoliv abys pomohla Ewerovu knihkupectví na nohy, na nichž stojí dost pevně, nýbrž abys mu ukázala, že nejsem žádný lhář, žádný rozpustilý školák, který z nich mámí dopisy, prospekty, předběžná oznámení a k dovršení svých činů jim pak ohlásí (s Tvým plným souhlasem

7) Brunshaupten, lázeňské letovisko v Meklenbursku u Baltského moře, dnes součást Kühlungsbornu; sestra Elli tam roku 1922 trávila s rodinou letní dovolenou.

8) Ewerovo knihkupectví v Berlíně; Kafka s ním byl už delší dobu ve styku, viz např. dopis Ottle z Matliar z února 1921 (O, 108).

1³ Anregung, ich weiß nicht mehr) ihnen anzuregen,
womit dann die Geschichte zu Ende wäre. Also
bitte liebe Elli nimm Dich meines Rates an.
Ich habe Dir für den wahrscheinlichen Fall des
Verlustes des ersten Bücherzettels einen zweiten
geschickt und wiederhole daraus:
Tempelausgabe Schiller – ist sie Dir zu
teuer, gibt es ja ausgezeichnete billigere etwa
Cotta oder noch billiger allerdings schlechter
Bong, sie werden Dir aber noch andere
nennen
Weltgeschichte Verlag Ullstein, sie werden Dir
aber noch andere nennen, ein illustrierte
Weltgeschichte zuhause haben ist doch schön,
nicht? Oder auch eine Kulturgeschichte,
Kunstgeschichte Literaturgeschichte, Brehms
Tierleben? Oder gar ein Konversationslexi-
kon.
Oder Herzls Tagebücher deren erster Band
jetzt erschienen ist ein sehr reiches auch für
Karl interessantes, rührendes Buch.
Oder etwas bunt durcheinander: Grimms
Märchen (vollständige Ausgabe 3 Bände, Georg
Müller Verlag ein schöner Besitz) oder Dubnow
Neueste Geschichte der Juden oder Richard

nebo dokonce na Tvůj popud, už nevím), že Ty osobně přijedeš, a tím že pak ta záležitost skončí. A tak prosím, milá Elli, ujmi se mé pověsti. Jelikož se první objednací lístek na knihy pravděpodobně ztratil, poslal jsem Ti druhý a opakuji z něho:

Schiller, vydání v nakladatelství Tempel[9] — bude-li se Ti zdát drahé, je znamenité lacinější, třeba Cotta,[10] nebo ještě laciný, ovšem špatný Bong,[11] ale řeknou Ti ještě o dalších.

Dějiny světa, nakladatelství Ullstein,[12] ale řeknou Ti ještě o dalších, mít doma ilustrované dějiny světa je přece krásné, ne? Nebo taky dějiny kultury, dějiny umění, dějiny literatury, Brehmův Život zvířat? Anebo dokonce naučný slovník.

Nebo Herzlovy Deníky,[13] jejichž první svazek teď vyšel, nádherná, i pro Karla[14] zajímavá, dojemná kniha.

Anebo trochu páté přes deváté: Grimmovy Pohádky (úplné vydání 3 svazky, nakladatelství Georg Müller,[15] pěkný majetek) nebo Dubnow, Nejnovější dějiny Židů[16]

9) Patrně Friedrich von Schiller: Sämtliche Werke in 12 Bänden und 1 Ergänzungsband. Leipzig, Tempel-Verlag 1910—1912.

10) Patrně Friedrich von Schiller: Sämtliche Werke. Säkular-Ausgabe in 16 Bänden, Hrsg. Eduard von der Hellen. Stuttgart-Berlin, Cotta 1904—1905.

11) Patrně Schillers Werke. Vollständige Ausgabe in 15 Teilen. Wien-Stuttgart, Bong &Co 1909.

12) Patrně Die Weltgeschichte. Die Entwicklung der Menschheit in Staat und Gesellschaft, in Kultur und Geistesleben. Hrsg. Julius Albert Georg von Pflugk-Hartung. Berlin, Ullstein 1907—1910. 6 Bde.

13) Theodor Herzl: Tagebücher 1895-1904. Bd. 1. Berlin, Jüdischer Verlag 1922.

14) Karl Hermann (1883—1939), manžel Kafkovy sestry Elli od roku 1911, obchodník, původem ze Siřemi u Podbořan.

15) Patrně Jakob Grimm: Kinder-Märchen. Mit einem Nachwort und durch Stücke aus den Anmerkungen ergänzt und hrsg. von Paul Ernst. München, G. Müller 1910. 3 Bde.

16) Simon Dubnow: Die neueste Geschichte des jüdischen Volkes (1789—1914). Übers. Alexander Eliasberg. Jena, Jüdischer Verlag 1920. 2 Bde.

17) Richard Dehmel: Ausgewählte Briefe aus den Jahren 1883—1902. Bd. 1. Berlin, S. Fischer 1922.

18) Friedrich von Schiller: Feuertrunken. Eine Dichterjugend. Schillers Briefe bis zu seiner Verlobung. Hrsg. Hans Brandenburg. Ebenhausen b. München, Langewiesche-Brandt 1909.

19) Johann Wolfgang von Goethe: Das grosse Leben. Goethes Briefe in 2 Bänden. Hrsg. Ernst Hartung. Ebenhausen b. München, Langewiesche-Brandt s. a. [1918]. Bd. 1. Alles um Liebe. Goethes Briefe aus der 1. Hälfte seines Lebens.

1⁴

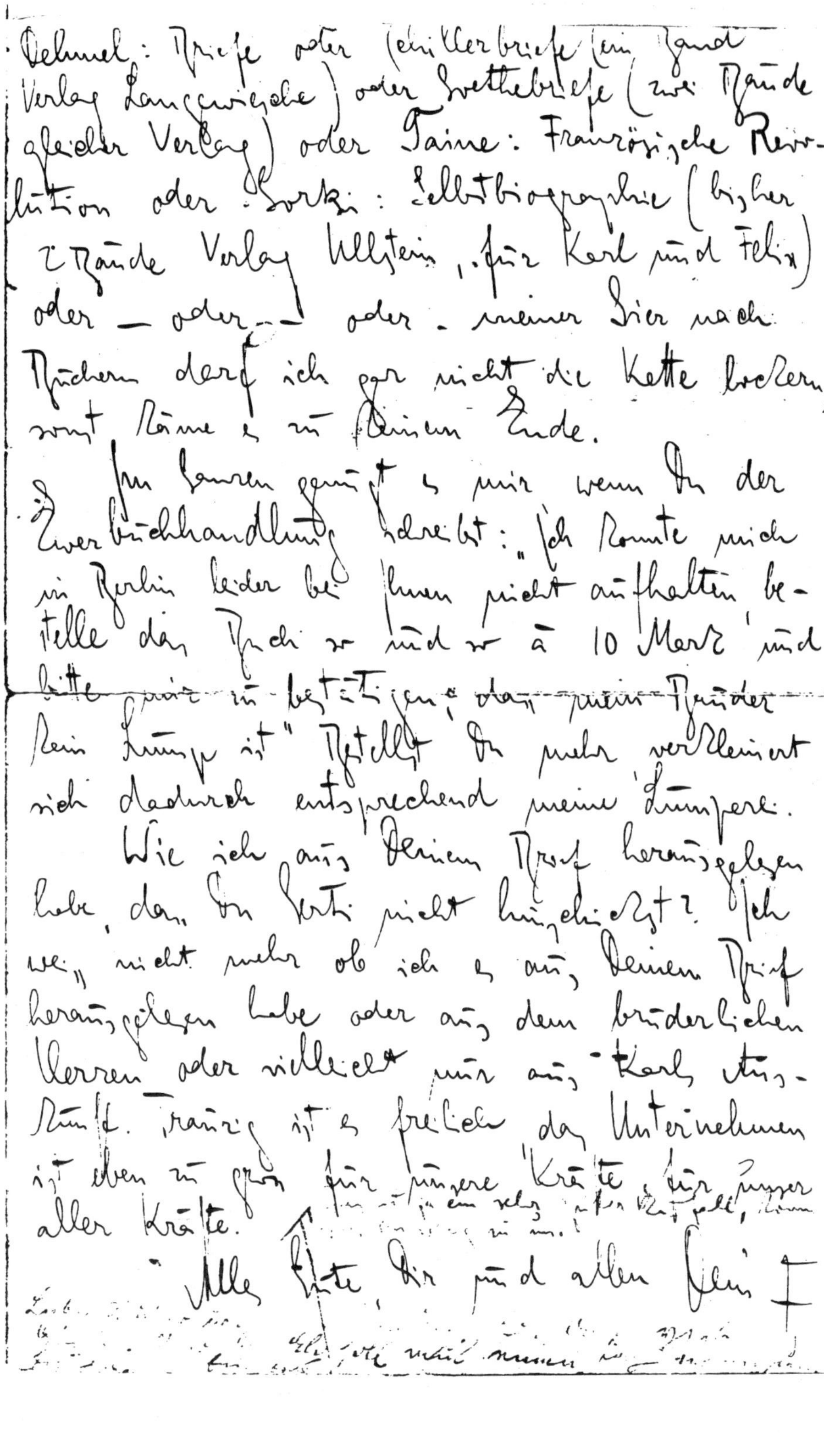

Dehmel: Briefe oder Schillerbriefe (ein Band Verlag Langewiesche) oder Goethebriefe (zwei Bände gleicher Verlag) oder Taine: Französische Revolution oder Gorki: Selbstbiographie (bisher 2 Bände Verlag Ullstein, für Karl und Felix) oder — oder — oder. meiner Gier nach Büchern darf ich gar nicht die Kette lockern, sonst käme es zu keinem Ende.

Im Ganzen genügt es mir wenn Du der Ewerbuchhandlung schreibst: „Ich konnte mich in Berlin leider bei Ihnen nicht aufhalten, bestelle das Buch so und so à 10 Mark und bitte mir zu bestätigen, daß mein Bruder kein Lump ist“ Bestellst Du mehr verkleinert sich dadurch entsprechend meine Lumperei.

Wie ich aus Deinem Brief herausgelesen habe, daß Du Gerti nicht hingeschickt? Ich weiß nicht mehr ob ich es aus Deinem Brief herausgelesen habe oder aus dem brüderlichen Herzen oder vielleicht nur aus Karls Auskunft. Traurig ist es freilich, das Unternehmen ist eben zu groß für unsere Kräfte, für unser aller Kräfte. [illegible]

Alles Gute, Dir und allen Dein F

[illegible]

nebo Richard Dehmel: Dopisy[17] nebo Schillerovy dopisy (jeden svazek, nakladatelství Langewiesche)[18] nebo Goethovy dopisy (dva svazky, stejné nakladatelství)[19] nebo Taine: Francouzská revoluce[20] anebo Gorkij: Vlastní životopis (dosud 2 svazky, nakladatelství Ullstein)[21] pro Karla a Felixe nebo — nebo — nebo — nesmím své žádosti po knihách nadobro popustit uzdu, sic by to nebralo konce.

Vcelku mi stačí, jestliže Ewerovu knihkupectví napíšeš: „Nemohla jsem se bohužel u Vás v Berlíně zastavit, objednávám tu a tu knihu à 10 marek a prosím, abyste mi potvrdili, že můj bratr není žádný lump." Objednáš-li víc, mé lumpovství se tím přiměřeně zmenší.

Jak jsem z Tvého dopisu vyčetl, že tam Gerti nepošleš?[22] Nevím už, jestli jsem to vyčetl z Tvého dopisu, nebo z bratrského srdce, anebo snad jen z Karlova oznámení. Je to ovšem smutné, ten podnik je totiž příliš veliký na naše síly, na síly nás všech.
Všecko dobré, Tobě a všem

Tvůj F

Nejmilejší matko a otče a Ely! Všechny Vás srdečně pozdravuji. A Ely ať aspoň na jeden den přijede. *Vaše Ottla*

To je ale dobrý nápad, zajeď k nám, Elli.[23]

Bd. 2. Vom täglichen Leben. Goethes Briefe aus der 2. Hälfte seines Lebens.

20) Patrně Hippolyte Taine: Die Entstehung des modernen Frankreich. Bd. 2. Das revolutionäre Frankreich. Abt. 1—3. Autoris. deutsche Bearb. Leopold Katscher. 3., veränd. Aufl. Leipzig, P. E. Lindner 1911.

21) Maxim Gorki: Selbstbiographie. Übers. August Scholz. Berlin, Ullstein 1917—1918. Bd. 1. Meine Kindheit. Bd. 2. Unter fremden Menschen.

22) V letech 1921 a 1922 se Kafka velice zasazoval o to, aby děti jeho sestry Elli, nejprve roku 1921 Felix (nar. 1911), pak roku 1922 Gerti (nar. 1912), byly poslány na výchovu do mezinárodní školy při institutu Emila Jacquese Dalcroze v Hellerau u Drážďan, založené roku 1921. Dětem se tam dostávalo tělesné, hudebně rytmické a výtvarné výchovy podle moderních západoevropských metod, zpočátku v ní působil anglický odborník A. S. Neill (viz BH I, 456—457). Kafka vedl se sestrou v roce 1921, když šlo o Felixe, rozsáhlou korespondenci o věcech výchovy, opíral se přitom o Swiftovy názory na rodičovskou výchovu, ale přesvědčit sestru se mu tehdy ani o rok později nepodařilo. Roku 1922, když běželo o Gerti, nacházíme ve vydané korespondenci dvě místa v dopisech Robertu Klopstockovi z července a září, která se týkají tohoto tématu: „Sestra se rozhodně zdržuje v Hellerau, možná je tam dnes, paní Neustädterová jí odpověděla." (Br, 381) a „Moje malá neteř do Hellerau nepojede, přirozeně. Jen jsem dosáhl toho, že sestra se švagrem a dětmi v Hellerau byli, ovšem právě tímto přechodným vítězstvím jsem pozbyl veškerou naději na vítězství konečné. Paní Neustädterová velice vyděsila, měla jako na potvoru ten den zrovna rýmu a boláky v obličeji, pan Neustädter, ten Angličan, výpomocná učitelka, jedna Dalcrozova žačka se sice velmi líbili, ale proti té rýmě nic nesvedli; žáci byli na výletě, byla neděle. Je to totiž tak, že sestra nemá sílu se rozhodnout, nemohu jí to mít za zlé, já chci už měsíce podniknout 10minutový výlet drahou, a nepodaří se mi to." (Br, 418)

23) Přípis Franze Kafky.

2

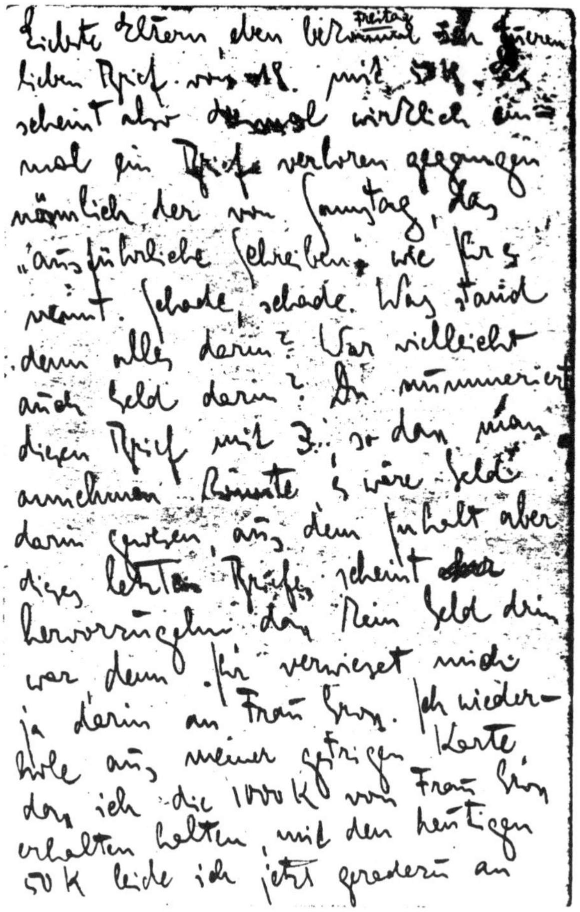

Liebste Eltern, eben bekomme ich [Freitag] Euren lieben Brief vom 18. mit 50 K. Es scheint also diesmal wirklich einmal ein Brief verloren gegangen, nämlich der vom Sonntag, das „ausführliche Schreiben“, wie Ihr es nennt. Schade, schade. Was stand denn alles darin? War vielleicht auch Geld darin? Ihr numeriert diesen Brief mit 3., so daß man annehmen könnte, es wäre Geld darin gewesen, aus dem Inhalt aber dieses letzten Briefes scheint hervorzugehen, daß kein Geld drin war, denn Ihr verweist mich ja darin an Frau Gross. Ich wiederhole aus meiner gestrigen Karte, daß ich die 1000 K von Frau Gross erhalten habe, und den heutigen 50 K leide ich jetzt geradezu an

Postkarte

Zum Aufkleben der Freimarke

Herrn Hermann Kafka

Prag

Tschechoslowakei

C 154 (6.20)

Absender: Dr. Kafka bei Hermann, Berlin-Steglitz, Miquelstrasse 8

Geldüberfülle und ernstlich erwäge ich, ob ich nicht vielleicht einmal ins Kino gehen sollte. Vorläufig beschränke ich mich aber auf die Ernährung und sage ins Ohr, daß ich z. B. heute Taube zu Mittag hatte. Meine Kost ist jedenfalls viel besser als die im Sanatorium der Frau Gross, die übrigens sehr nett zu mir war.

[BERLÍN-STEGLITZ, 19. ŘÍJNA 1923][1]

Pátek

Nejmilejší rodiče, právě dostávám Váš milý dopis z 18. s 50 K. Tak se zdá, že se tentokrát opravdu jeden dopis ztratil, totiž ten sobotní,[2] „podrobné psaní", jak říkáte. Škoda, škoda. Copak v něm všecko stálo? Byly v něm snad také peníze?[3] Označuješ ten dopis číslem 3, takže by se dalo předpokládat, že v něm peníze byly, z obsahu tohoto posledního dopisu ale jako by vyplývalo, že v něm žádné peníze nebyly, vždyť jste mě v něm odkazovali na paní Grossovou.[4] Opakuji ze svého včerejšího lístku, že těch 1 000 K jsem od paní Grossové obdržel, s dnešními 50 K trpím teď přímo nadbytkem peněz a doopravdy uvažuji, jestli bych snad neměl zajít do kina. Ale prozatím si dopřávám jen výživu a šeptám Vám do ucha, že např. dnes jsem měl k obědu holoubě. Moje strava je rozhodně mnohem lepší než strava v sanatoriu paní Grossové,[5] která ostatně ke mně byla velice milá. Srdečně Vás a všechny pozdravuje

F

Dopisnice 14×9 cm, obě strany popsány perem, včetně adresy příjemce: Hermann Kafka, Prag, Staroměstské náměstí 6/III, Tschechoslowakei *i odesílatele:* Dr Kafka bei Moritz Hermann, Berlin Steglitz, Miquelstrasse 8. *Frankatura odlepena. Vedle poštovního razítka přípis* Berlin Steglitz, *zřejmě matčinou rukou.*

1) Nedatováno. Datace určena podle poštovního razítka: 19. 10., které se shoduje s Kafkovým uvedením dne v týdnu (Pátek).

2) Tj. ze 13. 10. 1923.

3) Kafka měl v polovině října 1923 v Berlíně finanční těžkosti. Tři dny před tímto lístkem píše Ottle: „. . . . zařiď, prosím, aby mi poslali peníze, mnoho jsem si s sebou nevzal, matka tehdy žádné neměla, nemohla mi dát předem na říjen, já ani nevěděl, jak dlouho zůstanu, ale slíbila mi, že mi bude od 1. října v každém dopise posílat menší částky. Jenže už jsem o to často prosil, ale nic nepřichází, dnes je 16tého a já jsem na tento měsíc vcelku dostal teprve 70 K, nepřišly snad z ústavu peníze, nebo se snad dopis s penězi přece ztratil? Nebo mě tímto způsobem chtějí vychovávat k vydělávání peněz . . ." (O, 140—141)

4) Postava paní Grossové se objevuje v Kafkových písemnostech a kafkovské literatuře nově. Kafka v době svého pobytu v Berlíně, prokazatelně v říjnu a listopadu roku 1923, dostával od ní a od jejího muže (viz dále dopis č. 8) peníze. Dával si tehdy přes rodiče posílat do Berlína penzi z Dělnické úrazové pojišťovny. Důvody vysvětluje později v dopise řediteli dr. Bedřichu Odstrčilovi ze dne 20. 12. 1923 (originální české znění otištěno v L, 80—81, v německém překladu už dříve v HE, 647—649, později v odlišném překladu Binderem a Wagenbachem v O, 149 — 151, naposled česky i německy v FKAS, 317—321): „Prosím zdvořile . . . o svolení ústavu k mému pobytu zdejšímu a dovoluji si připojiti další prosbu, aby moje pensijní požitky byly na dále poukazovány na adresu mých rodičů . . . Každý jiný způsob poukazu by mne finančně poškozoval a při skrovnosti mých prostředků by

sebemenší újma peněžní byla pro mne velmi citelná. Škodu trpěl bych při jiném způsobu poukazu proto, poněvadž prováděn by byl buď v markách (— pak nesl bych kursovní ztrátu a výlohy —), nebo v Kč (— a pak stihly by mě ještě větší výlohy—), kdežto rodičům naskytne se vždy nějaká možnost toho, aby mi poslali peníze bezplatně a případně hned na 2 měsíce prostřednictvím některého známého, který jede do Německa. Při poukazování peněz mým rodičům neodpadnou ovšem eventuelně žádoucí průkazy o životě, o jejichž formě a časových lhůtách prosím zdvořile za poučení a které bych zasílal odsud přímo do ústavu.“

Je důvodné se domnívat, že Grossovi patřili — vedle např. Lise Kaznelsonové (viz dopis č. 9, pozn. 8) — k prostředníkům, kteří Kafkovi doručovali penzi, v daném případě „těch 1 000 K“. Kafka sám uvádí, že má „1 000 K penze“ (viz následující dopis č. 3), což je částka shodující se se sumou, kterou obdržel od paní Grossové. Podle dekretu z 30. 6. 1922 čj. 446/1922 činila Kafkova penze od 1. 7. 1922 přesně 1 044 Kč měsíčně (12 528 Kč ročně) a byla mu vyplácena „prostřednictvím šekového úřadu v měsíčních, předem splatných lhůtách“ (koncept dekretu uchovaný v LA PNP, FK, č. kart. 2).

5) Nepodařilo se zjistit, že by paní Grossová měla v Berlíně sanatorium, dotazy u kompetentních míst v Berlíně byly bezvýsledné. Je možné, že pojmenování „sanatorium“ užil Kafka v žertovném smyslu. Zajímavé je, že jistý Hermann Gross, bankovní úředník, bydlel v Berlíně-Steglitzu v Kafkově těsném sousedství, v Miquelstrasse 10.

5

6

7

9

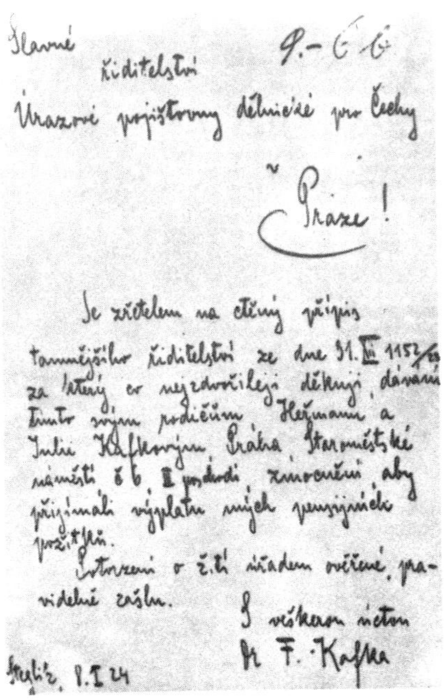

Slavné ředitelství [illegible]

Úrazové pojišťovny dělnické pro Čechy

v Praze!

Se zřetelem na ctěný přípis tamnějšího ředitelství ze dne 31. III 1152/[illegible] za který co nejzdvořileji děkuji, dávám tímto svým rodičům Heřmanu a Julii Kafkovým Praha Staroměstské náměstí č 6 II poschodí zmocnění aby přijímali výplatu mých pensijních požitků.

Potvrzení o žití úřadem ověřené pravidelně zašlu.

S veškerou úctou
Dr F. Kafka

Steglitz, 9. I 24

8

5 *Ukazatel Miquelstrasse — dnešní stav (foto Karl-Heinz Jähn)*
6 *Dům v Grunewaldstrasse 13 — druhé bydliště F. Kafky v Berlíně — dnešní stav (foto Karl-Heinz Jähn)*
7 *Pamětní deska na domě v Grunewaldstrasse 13 (in KW)*
8 *Kafkova plná moc rodičům k přijímání penze (foto LA PNP)*
9 *Dům v Heidestrasse 25 — třetí bydliště F. Kafky v Berlíně (in KW)*

3[1]

Liebste Eltern,

Euer Brief mit der Ankündigung der Möglichkeit Deines Besuches liebste Mutter kommt heute gerade zurecht. Wenn nicht in der Jahreszeit, in den deutschen Verhältnissen oder bei Euch zu Hause Hindernisse für eine solche Reise sind, bei mir, seit heute vormittag nicht die geringsten und der Besuch, den ich mir noch gar nicht recht vorstellen kann – bisher hast Du mich nur in Ko-bidschowitz besucht – wird für mich eine große festliche Sache sein. Das Hindernis wäre bisher nämlich die Wohnung gewesen. Mein jetziges Zimmer ist prachtvoll und nur infolge Eurer Abneigung gegen lange Beschreibungen seid Ihr um die Beschreibung des Zimmers gekommen und zwar für immer, denn am 15. November werde ich übersiedeln. Auch in meinem bisherigen Zimmer hättest Du schlafen können, es ist ein schönes Kanapee da, aber es wäre doch unbequem gewesen, außerdem bin ich zwar mit der Hausfrau in einem sehr guten Verhältnisse, aber Spannungen gibt

[BELÍN-STEGLITZ, KONEC ŘÍJNA — ZAČÁTEK LISTOPADU 1923][1)]

Nejmilejší rodiče,

Váš dopis, oznamující, že, nejmilejší matko, možná přijedeš na návštěvu, přichází dnes právě včas. Nejsou-li překážky pro takovou cestu v roční době, v německých poměrech nebo u Vás doma, u mne nejsou, od dnešního dopoledne, naprosto žádné a návštěva, kterou si ještě vůbec nedovedu náležitě představit — dosud jsi mě navštívila jen v Dobřichovicích[2)] — bude pro mne velkým svátkem. Překážkou by totiž dosud bývalo bydlení. Můj nynější pokoj je nádherný a jen kvůli své nechuti k dlouhým popisům přišli jste o popis toho pokoje, a to navždycky, 15. listopadu se totiž budu stěhovat.[3)] Spát jsi mohla i v mém dosavadním pokoji, je tu krásná pohovka, ale přece by to bývalo nepohodlné, krom toho s paní domácí sice velmi dobře vycházím, avšak napětí je přesto mezi námi neustále, vy-

Dopis, 1 dvojlist a 1 list 22×14 cm, popsáno 6 stran perem.

1) Nedatováno. Datace určena přibližně z obsahu dopisu. Byl psán „nějaký čas" před 5. 11. 1923, kdy se o něm Kafka zmiňuje v dopise Brodovi: „Matce jsem ovšem před nějakým časem napsal, že přijedeš do Berlína; teď to odvolám . . ." (Br, 465). V dřívějším dopise, který došel do Prahy 2. 11. 1923, Brodovi oznamuje jako čerstvou novinu své rozhodnutí přestěhovat se; je tedy pravděpodobné, že tento dopis byl napsán přibližně ve stejné době: na samém konci října nebo na samém začátku listopadu.

2) Dobřichovice — letovisko u Prahy, kde Kafka počátkem května pobýval několik dní na zotavené; poslal odtamtud do Vídně dva lístky Mileně. (M, 317—318)

3) K tomu viz pasáž v dopise Brodovi z 2. 11. 1923: „Ostatně dnes ani nevládnu všemi silami ducha, příliš mnoho jsem jich musel vydat při jedné nesmírné události: budu se 15. listopadu stěhovat. Velice výhodné přestěhování, jak se mi zdá. (Skoro se bojím o této věci, kterou se moje paní domácí dozví až 15. listopadu, psát mezi jejími kusy nábytku, které mi čtou přes rameno, ale jsou to, aspoň některé, zčásti i moji spojenci.)" (Br, 460—461)

3[2] es wohl immerfort hervorgerufen dadurch daß sie mir und ihrer berlinerischen Energie und ihrem berlinerischen Verstand (sie ist keine Jüdin) unendlich überlegen ist. Das führt auch dazu daß ich ausziehe. Ich glaube, in der ersten halben Stunde unseres ersten Beisammenseins hatte sie heraus, daß ich 1000 K Pension (damals ein großes, heute ein viel kleineres Vermögen) habe und danach fing sie an, die Miete und was sonst dazu gehört zu steigern und es nimmt kein Ende. Nun sind ja freilich die allgemeinen Steigerungen der Preise groß, aber die Steigerung meiner Miete riesenhaft, selbst wenn ich die ganz einzigartigen Vorteile der Wohnung in Rechnung stelle. Das Zimmer wurde z. B. Ende August um 4 Millionen monatlich für mich gemietet und heute kostet es etwa 1/2 Billion, nun ist auch das nicht einmal zuviel, aber die Unsicherheit, in der man dadurch ist, daß monatlich gesteigert werden kann und auch sonstiges in dieser Art, ist unangenehm. Deshalb also ziehe ich. Die Hausfrau weiß noch nichts, ich bin erst am 15. verpflichtet es ihr zu sagen und dann ziehe

volávané tím, že má se svou berlínskou energií a svým berlínským rozumem (není to židovka) nade mnou obrovskou převahu. To také vede k tomu, že se odstěhuji. Myslím, že hned jak jsme byli poprvé spolu, už během půl hodiny vyzvěděla, že mám 1 000 K penze[4] (tehdy velké, dnes mnohem menší jmění), a podle toho začala zvyšovat nájem a co jinak k němu patří, a nebere to konce. Ovšem ceny teď všeobecně velice stoupají, avšak moje nájemné stouplo obrovsky, i když počítám zcela jedinečné přednosti bydlení. Pokoj mi byl např. koncem srpna pronajat za 4 milióny měsíčně, a dnes stojí asi 1/2 biliónu,[5] ani to teď není příliš mnoho, avšak nejistota, v níž se člověk ocitá tím, že každý měsíc se cena může zvýšit, i jiné věci toho druhu, je nepříjemná. Proto se tedy stěhuji. Paní domácí dosud nic neví, jsem povinen jí to říci až 15. a pak se

4) Viz dopis č. 2, pozn. 4.

5) O měsíc dříve, v dopise Brodovi z 2. 10. 1923, uvádí Kafka inflační zvyšování nájmu v československé měně: „Můj pokoj, který byl pronajat za 28 korun měsíčně, stál v září už přes 70 korun, v říjnu bude stát nejméně 180 korun.“ (Br, 448)

3[3]

ich gleich weg. Nicht weit, wir sagen weiter,
in einer kleinen Villa mit hübschem Garten
im ersten Stock zwei (zwei!) schön eingerichteten
~~[illegible]~~ Zimmern, von denen eines, das Wohn-
zimmer so sonnig ist wie mein jetziges, während
das kleinere das Schlafzimmer nur Morgen-
sonne hat. Weitere Vorteile: Centralheizung
und elektrisches Licht (hier habe ich nur leicht
sehr gut brennendes Gas und die Heizung im
Winter dürfte nicht ganz leicht sein, denn es
ist ein Eckzimmer und Türen und Fenster
schließen nicht sehr gut) dort ist es in dieser
Hinsicht viel besser. In weiteres Lob will
ich mich nicht einlassen, weil man natürlich
eine Wohnung erst kennt, wenn man dort
mindestens 1 Jahr gewohnt hat. Die Hauptvor-
teile aber sind, daß der Preis zwar nicht
niedriger ist als für mein bisheriges Zimmer
aber gesicherter gegen Steigerungen und sonstige
Übervorteilungen. Der größte Hauptvorteil aber
ist eben – und das ist der langen Rede
Sinn – daß Ihr liebste Mutter, nun wirklich
herkommen könnt, wenn Ihr Lust habt und
ein bequemes Zimmer vorfindet. (Nebenbei

hned vystěhuji. Nijak daleko, o dvě ulice dál, ve vilce s pěknou zahradou, se dvěma (dvěma!) krásně zařízenými[6] pokoji v prvním patře, z nichž jeden, obývací, je tak slunný jako můj nynější, kdežto ten menší, ložnice, má jenom ranní slunce. Další přednosti: ústřední topení a elektrické světlo (tady mám jen ne příliš dobře hořící plyn, a vytápění by v zimě asi nebylo zcela snadné, je to totiž pokoj s arkýřem a dveře a okna příliš dobře nepřiléhají), tam je to v tomto ohledu mnohem lepší.[7] Do dalšího vychvalování se nechci pouštět, jelikož byt se přirozeně pozná, teprve když se v něm aspoň 1 rok bydlí. Hlavní výhody jsou však v tom, že cena sice není nižší než za můj dosavadní pokoj, ale je víc zabezpečena před zdražováním a jiným šizením. Ale největší a hlavní výhodou právě je — a to je smysl té dlouhé řeči — že Ty, nejmilejší matko, sem teď opravdu budeš moci přijet, kdykoli se Ti zachce, a najdeš tu pohodlný pokoj. (Mi-

6) Za tímto slovem škrtnuto sonnigen *(slunnými).*

7) V druhé polovině listopadu, kdy už bydlí v Grunewaldstrasse, píše Kafka v dopise Mileně: „. . . žiji skoro na venkově, ve vilce se zahradou, připadá mi, že jsem dosud nikdy neměl tak krásný byt, také o něj určitě brzo přijdu, je pro mne příliš krásný, je to ostatně už druhý byt, který zde mám.“ (M, 320) Dne 20. 12. 1923 píše česky řediteli Odstrčilovi: „Bydlím v malé vile se zahradou; půlhodinová cesta zahradami vede do lesa, velká zahrada botanická jest vzdálena 10 minut; jiné sady jsou rovněž na blízku a od mého sídla vede každá cesta zahradami.“ (L, 80)

34 dachte ich übrigens auch daran, daß wenn der Onkel Siegfried für einige Zeit herkommen wollte, er dort wohnen und – was recht erwünscht wäre – zu den Kosten des Unternehmens beitragen könnte.)

Doch wiederhole ich: nur als Lustreise hätte die Reise überhaupt Sinn, Lust für mich und Dich; als Fürsorge-Reise ist sie gänzlich unnötig, denn ich bin wunderbar versorgt und als Gepäcktransportreise ist sie ebenso überflüssig, denn Max kommt am 9. November und nimmt wie er mir schon geschrieben hat den Handkoffer mit. (Zu den Wintersachen übrigens: ich fürchte es wird notwendig sein, auch ein paar warme Pantoffel beizupacken, die welche ich hier habe reißen immerfort. Das Fräulein kennt sie, sie hat sich oft schon mit ihnen geplagt, ich glaube, sie sind unreparabel.)

Ich würde mir ja solche Kleinigkeiten wie die Pantoffel usw. lieber kaufen, als darum schreiben, aber es ist unmöglich, die Teuerung in den letzten Wochen ist unheimlich, noch immer lebt man hier wahrscheinlich im ganzen etwas billiger als in Prag, aber es ist

mochodem myslel jsem ostatně i na to, že kdyby sem chtěl na nějaký čas přijet strýc Siegfried, mohl by tam bydlet a — což by bylo velice vítané — přispět na výdaje podniku.)

Ale opakuji: jen jako cesta pro potěšení by ta cesta měla vůbec smysl, potěšení pro mne i pro Tebe; jako pečovatelská cesta je nadobro zbytečná, neboť o mne je pečováno báječně, a jako cesta kvůli přepravě zavazadel je právě tak nepotřebná, jelikož 9. listopadu přijede Max, a jak už mi psal, vezme kufřík.[8)] (Ostatně pokud jde o zimní věci:[9)] obávám se, že bude nutné přibalit i pár teplých pantoflí, ty, co mám tady, se pořád trhají. Slečna[10)] je zná, často se s nimi už trápila, myslím, že se už nedají opravit.)

Jistě bych si takové maličkosti jako pantofle apod. raději koupil, než si o ně psal, ale není to možné, drahota je v posledních týdnech strašná, vcelku se tu pravděpodobně stále ještě žije o něco laciněji než v Praze, ale už v tom

8) V Kafkově postoji k navrhované matčině návštěvě v Berlíně se zračí jeho složitý vztah k rodině v době pokračující nemoci. Příznačný je v tomto směru dopis z 8. 10. 1923 Ottle, která chtěla Franze v Berlíně navštívit jako první: „O tom, jestli bys mě rušila, nemusíme mluvit. Kdyby mě všecko na světě rušilo — skoro tak daleko to došlo — Ty nikoliv... Tak to jsi Ty — když ale nechám stranou Tebe, to musím říci, velice se bojím. Na to je ještě příliš brzo, na to zde nejsem pořádně zařízen, na to mé noci příliš vrávorají. Jistě to chápeš: to nemá nic společného s mít rád, s být vítán — příčina není v tom, kdo přichází, nýbrž v tom, kdo přijímá. Celá tato berlínská záležitost je věc velice křehká, byla lapena z posledních sil a odtud si uchovala velikou citlivost. Ty víš, jakým tónem se někdy, očividně pod vlivem otcovým, mluví o mých záležitostech. Není v tom nic zlého, nýbrž spíš soucit, porozumění, pedagogika apod., není to nic zlého, ale je to Praha, jak ji nejenom miluji, nýbrž se jí i bojím. Takové sebedobromyslnější, sebepřátelštější posuzování bezprostředně vidět a slyšet by pro mne bylo jako zasahování Prahy sem do Berlína, mrzelo by mě a nedalo by mi spát. Řekni mi prosím, že to přesně chápeš se všemi tragickými jemnostmi. Tak nevím, budeš-li moci přijet...“ (O, 137—138)

Ottla Franze v Berlíně navštívila koncem listopadu 1923, je o tom zpráva v jeho dopise Brodovi z 25. 11. (Br, 466), matčina návštěva se neuskutečnila vůbec. Pokud jde o strýce Siegfrieda Löwyho, lékaře z Třešti, přijel Kafku navštívit až v druhé polovině února 1924 (viz dopisy č. 16, pozn. 2 a č. 17), aby ho přemluvil k odjezdu z Berlína na léčení v sanatoriu. — Ani Brodova návštěva, ohlášená na 9. listopadu, o níž se Kafka dověděl od Brodovy milenky Emmy Salveterové, jak Brodovi sděluje v dopise došlém do Prahy 2. 11. 1923 (Br, 460), se neuskutečnila. (Br, 465 a pozn. 1 výše)

9) O zaslání zimních věcí žádá Kafka podrobněji v dopise Ottle, jejž Brod datuje do 4. týdne října 1923: „Protože mi zimní věci přiveze Max, tak můžeš termín cesty, bude-li vůbec možná, aniž to

35

schon recht angenähert, über die Lebensmittel
hinaus scheint mir aber alles fast teuerer
zu sein als bei uns. Ins Teater zu gehn ist
z. B. fast unmöglich, ich wollte in eines aller-
dings eines der besten gehn, der schlechteste
Sitz, auf dem man zugegebener Weise weder
sieht noch hört, sich also ungestört mit dem
Nachzählen der vielen Milliarden beschäfti-
gen kann, die man für ihn ausgegeben
hat kostet etwa 14 K. In einem andern
Teater das mich auch interessiert hätte sind
die Preise kleiner, dafür aber ist das Teater
viele Tage vorher ausverkauft. Es gibt, glaube
ich keine Zeitung mehr die weniger als 1·50
kostet. Das reicht manchmal bis in die
Lebensmittel hinein, ich rühmte mich letzt-
hin eines Einkaufs von Eiern à 50 h., heute
kostet ein Ei 1·60. Aber wie gesagt im ganzen
geht es doch leidlich, man lebt ebenso gut
wie in Prag und nicht teuerer.

Nun habe ich mich aber verplauscht
wie die Frauen auf dem Markt. Noch schnell
zu den Fragen: Heute ist gleichzeitig mit
dem Brief das Päckchen II angekommen und

není velký rozdíl, kromě potravin se mi tu ale všecko zdá skoro dražší než u nás. Jít např. do divadla je téměř nemožné, chtěl jsem jít, sice do jednoho z nejlepších, horší sedadlo, z kterého není pochopitelně ani vidět, ani slyšet, člověk se tedy může nerušeně zabývat přepočítáváním všech těch miliard, které za ně zaplatil, stojí tak 14 K. V jiném divadle, které by mě také zajímalo, jsou ceny nižší, zato je ale mnoho dní předem vyprodáno. Nevycházejí už, myslím, žádné noviny stojící méně než 1,50. Leckdy to postihuje i potraviny, nedávno jsem se chlubil, že jsem koupil vejce po 50 h, dnes stojí jedno vejce 1,60. Ale jak jsem řekl, vcelku to ještě ujde, žije se stejně dobře jako v Praze a ne dráž.

Teď jsem se ale zapovídal jako ženské na trhu. Ještě v rychlosti k dotazům: Dnes došel zároveň s dopisem balíček III a byl s po-

rušilo rodinu, zcela pohodlně stanovit podle ostatních okolností. Seznam věcí, které bych mohl potřebovat, zde hned připojuji, dej ho matce a slečně, otec by pro to neměl ten správný smysl...“ (O, 144) A následuje dlouhý komentovaný seznam prádla a oblečení. Teplé pantofle v něm nejsou, z čehož lze soudit, že náš dopis je pozdější.

10) Marie Wernerová, hospodyně v Kafkově rodině, Češka pocházející z Týnce nad Labem.

3[6]

dankbar aufgenommen worden – der Kalender hat sich heute überhaupt nicht geäußert, er ist sprachlos wegen der neuen Wohnung, ich hoffe ihn aber mitnehmen zu können.

Von den Eiern war keines zerbrochen. Dagegen könnte dem Schlaf (nach dem er auch fragt und der viel empfindlicher ist als Eier) etwas passieren, wenn man viel von ihm spricht.

Lebt wohl und grüßt alle von mir

Euer F.

vděkem přijat — kalendář se dnes vůbec nevyjádřil, mlčí kvůli tomu novému bytu, doufám ale, že si ho budu moci vzít s sebou.[11]

Žádné z vajec se nerozbilo. Zato se spánkem (na nějž se také ptáte a který je mnohem choulostivější než vejce) by se mohlo něco stát, kdyby se o něm moc mluvilo.

Mějte se dobře a všechny ode mne pozdravujte.

Váš

F.

11) Tuto poznámku o kalendáři blíže osvětluje pasáž z Kafkova dopisu jeho prostřední sestře Valli (Valerii) Pollakové (1890—1942) z první poloviny listopadu 1923: „. . . hodiny ke mně mají jisté osobní vztahy, jako vůbec mnohé věci v pokoji, jenomže se od té doby, co jsem dal výpověď (či přesněji: od té doby, co mám výpověď. . .), zčásti začínají ode mne odvracet, hlavně kalendář, o jehož výrocích jsem už jednou psal rodičům. V poslední době je jako proměněný, buď je nadobro nesdílný, člověk např. nutně potřebuje jeho radu, jde k němu, on ale neříká nic víc než: svátek, reformace, což ovšem má pravděpodobně hlubší smysl, ale kdo ho umí nalézt; anebo je zlomyslně ironický, nedávno jsem např. něco četl a dostal přitom nápad, který mi připadal velice dobrý nebo spíš tak důležitý, že jsem se na to chtěl zeptat kalendáře (jen při tak náhodných příležitostech během svého dne odpovídá, ne snad když se v určitou hodinu list kalendáře pedantsky utrhne). ‚Někdy i slepé kuře najde atd.', pravil; jindy jsem se zhrozil účtu za uhlí, načež on pravil: ‚Kdo chce blažen býti, musí šťastně a spokojeně žíti', v tom je zajisté vedle ironie urážlivá zabedněnost, je netrpělivý, nemůže to už vůbec snést, že odcházím, možná je to ale taky jen, že mi nechce odchod ztěžovat, možná že za kalendářním listem dne mého stěhování bude následovat list, který už neuvidím a na němž bude stát něco jako: ‚Je dozajista vůle Boží atd.'. Ne, nelze přece psát všecko, co si o svém kalendáři myslíme, ‚vždyť je to taky jen člověk'." (Br, 462)

4

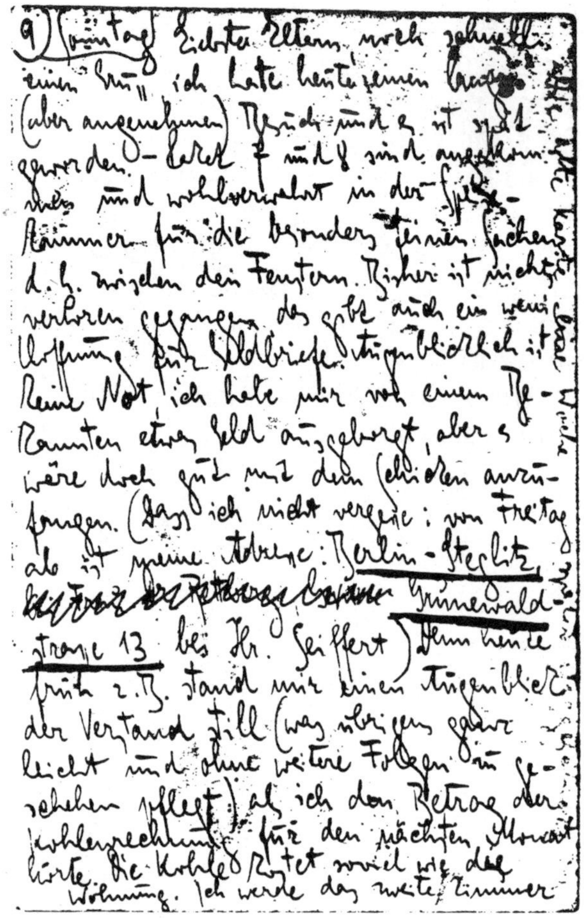
9) Sonntag Liebste Eltern, noch schnell einen Gruß, ich hatte heute einen langen (aber angenehmen) Besuch und es ist spät geworden. — [illegible] 7 und 8 sind angekommen alles und wohlverwahrt in der Speisekammer für die besonders feinen Sachen d.h. zwischen den Fenstern. Bisher ist nichts verloren gegangen, das gibt auch ein wenig Hoffnung für Geldbriefe. Augenblicklich ist keine Not, ich habe mir von einem Bekannten etwas Geld ausgeborgt, aber es wäre doch gut mit dem Schicken anzufangen. (Dass ich nicht vergesse: von Freitag ab ist meine Adresse: Berlin-Steglitz, Grunewaldstraße 13 bei Hr. Seiffert) Denn heute früh z.B. stand mir einen Augenblick der Verstand still (was übrigens gar leicht und ohne weitere Folgen zu geschehen pflegt) als ich den Betrag der Kohlenrechnung für den nächsten Monat hörte. Die Kohle kostet soviel wie die Wohnung. Ich werde das zweite Zimmer

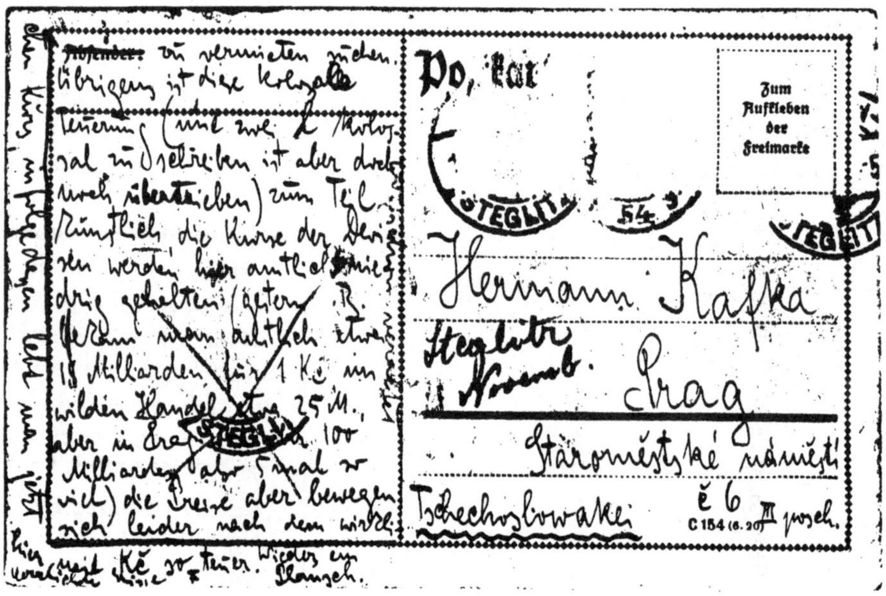
Absender: zu vermieten suchen. Übrigens ist diese Kohle alle Teuerung (und zwei [illegible] zu beschreiben ist aber doch noch übertrieben) zum Teil künstlich, die Kurse der Devisen werden hier amtlich niedrig gehalten (gestern z.B. bekam man amtlich etwa 18 Milliarden für 1 Kč im wilden Handel etwa 25 M., aber in [illegible] 100 Milliarden also 5mal so viel) die Preise aber bewegen sich leider nach dem wirklichen Kurs.
Postkarte
Zum Aufkleben der Freimarke
STEGLITZ
Herrmann Kafka
Prag
Staroměstské náměstí
č 6 III posch.
Tschechoslowakei
C 154 (6.20)

[BERLÍN-STEGLITZ, 11. LISTOPADU 1923][1]

9[2] /Neděle/ Nejmilejší rodiče, ještě v rychlosti pozdravuji, měl jsem dnes dlouhou (ale příjemnou) návštěvu a už je pozdě. — Balíky 7 a 8 došly a jsou dobře uloženy ve spíži pro zvlášť vybrané věci, tj. mezi okny. Doposud se nic neztratilo, v tom je také jistá naděje, že dojdou dopisy s penězi. Momentálně nejsem v tísni, vypůjčil jsem si nějaké peníze od jednoho známého, ale přece by bylo dobře, kdybyste začali posílat.[3] (Abych nezapomněl: od pátku[4] je moje adresa Berlín-Steglitz,[5] Grunewaldstrasse 13, u p. Seifferta.) Totiž dnes ráno např. mi zůstal na chvíli rozum stát (což se ostatně stává docela snadno a bez dalších následků), když jsem slyšel, kolik za příští měsíc dělá účet za uhlí. Uhlí stojí stejně jako byt. Budu hledět druhý pokoj pronajmout.[6] Ostatně tahle kolosállní[7] drahota (psát kolosální se dvěma l je přece dosud přehnané) je zčásti umělá, devizové kursy se zde úředně udržují na nízké úrovni (např. včera se úředně za 1 Kč dostalo asi 18 miliard, na černém trhu asi 25 m., ale v Praze hodně přes 100 miliard,[8] tedy 5krát tolik), ceny se ale bohužel pohybují podle skutečného kursu, proto se zde teď s Kč žije tak draho. Zas jsem se zapovídal. Co nejsrdečněji zdraví F
Starý lístek odeslán o týden později, asi už zastaral.

Dopisnice 14×9 cm, obě strany popsány perem, přípis po stranách tužkou, adresa příjemce perem: Hermann Kafka, Prag, Staroměstské náměstí č 6, III posch., Tschechoslowakei.
Dopisnice Kafkou označena číslem 9. Frankatura odlepena. Pod jménem příjemce přípis Steglitz Novemb., *zřejmě matčinou rukou.*

1) Nedatováno. Datace určena podle Kafkova uvedení dne v týdnu (Neděle) a podle obsahu dopisnice č. 5 z 13. 11. 1923.
2) Z Kafkova číslování je patrné, že se z jeho korespondence rodičům z té doby dochovala pouze část.
3) Viz dopisnice č. 2, pozn. 3.
4) Tj. 16. 11. 1923. Stěhoval se však den předtím, viz dopisy č. 3, 5 a 6.
5) Zde Kafkou škrtnuto bei Frau Dr Rettberg, Grüne . . . (u paní dr. Rettbergové, Grüne . . .).
6) Od záměru druhý pokoj pronajmout Kafka upustil (viz dopis č. 12).
7) Zde Kafkou opraveno původní kolossalle *(kolosální).*
8) Podle deníku Prager Tagblatt ze soboty 10. 11. 1923 byl toho dne v Praze oficiální kurs: 1 bilión marek za 12 Kč.

5

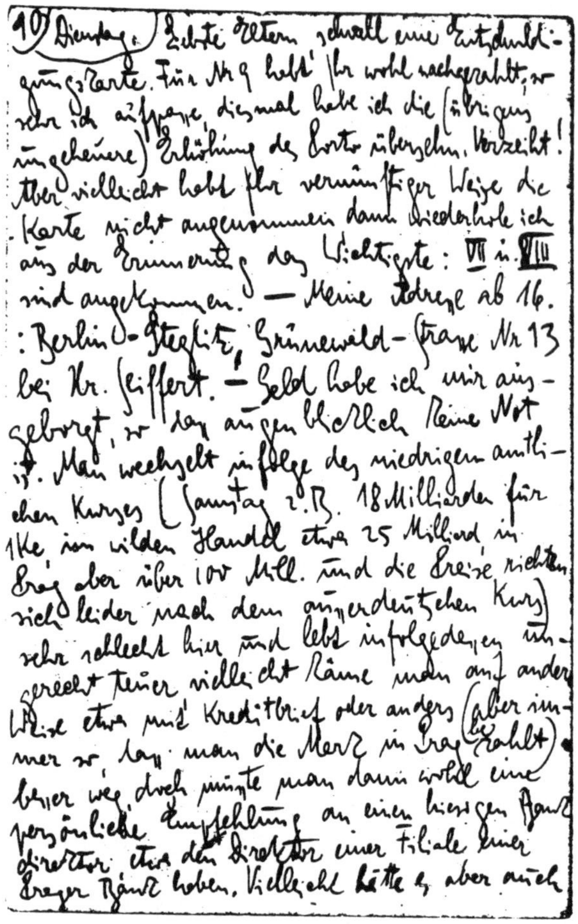
(10) Dienstag. Liebste Eltern schnell eine Entschuldi-
gungskarte. Für Nr 9 habt Ihr wohl nachgezahlt, so
sehr ich aufpasse, diesmal habe ich die (übrigens
ungeheuere) Erhöhung des Porto übersehn. Verzeiht!
Aber vielleicht habt Ihr vernünftiger Weise die
Karte nicht angenommen dann wiederhole ich
aus der Erinnerung das Wichtigste: VII u. VIII
sind angekommen. — Meine Adresse ab 16.
: Berlin-Steglitz, Grunewald-Strasse Nr 13
bei Hr. Seiffert. — Geld habe ich mir aus-
geborgt, so dass augenblicklich keine Not
ist. Man wechselt infolge des niedrigen amtli-
chen Kurses (Samstag z. B. 18 Milliarden für
1 Kc, im wilden Handel etwa 25 Milliard. in
Prag aber über 100 Mill. und die Preise richten
sich leider nach dem ausserdeutschen Kurs)
sehr schlecht hier und lebt infolgedessen un-
gerecht teuer vielleicht könnte man auf andere
Weise etwa mit Kreditbrief oder anders (aber im-
mer so, dass man die Mark in Prag bezahlt)
besser weg, doch müsste man dann wohl eine
persönliche Empfehlung an einen hiesigen Bank
direktor etwa den Direktor einer Filiale einer
Prager Bank haben. Vielleicht hätte es aber auch

[BERLÍN-STEGLITZ, 13. LISTOPADU 1923][1)]

10) /Úterý/ Nejmilejší rodiče, v rychlosti posílám lístek na omluvu. Za č. 9 jste asi dopláceli; ačkoliv dávám pozor, tentokrát jsem zvýšení poštovného (ostatně závratné) přehlédl. Odpusťte! Ale možná že jste rozumně lístek nepřijali, opakuji tedy zpaměti to nejdůležitější: VII i VIII došly. — Moje adresa od 16.: Berlín-Steglitz, Grunewald-Strasse č. 13, u p. Seifferta. — Peníze jsem si vypůjčil, takže momentálně nejsem v tísni. V důsledku nízkého úředního kursu se velice špatně mění (např. v sobotu 18 miliard za 1 Kč, na černém trhu asi 25 miliard, v Praze ale přes 100 mil. a ceny se bohužel řídí podle mimoněmeckého kursu), a proto se zde žije nespravedlivě draho, možná že by se jinak pochodilo líp třeba s úvěrním listem či jinak (ale vždy tak, že se marka zaplatí v Praze), jenže pak by asi muselo být osobní doporučení na ředitele některé zdejší banky, nejspíš na ředitele filiálky některé pražské banky. Možná že by ale ani to nemělo žádnou nebo mělo jen okamžitou cenu, pouze jsem cosi takového nejasně zaslechl. Ty, milý otče, tomu přece rozumíš mnohem líp.[2)]
Co nejsrdečněji Vás a všechny zdraví F

Dopisnice 14×9 cm, obě strany popsány perem, včetně adresy: Hermann Kafka, Prag, Staroměstské náměstí č 6/III poschodí, Tschechoslowakei. *Dopisnice Kafkou označena číslem 10. Frankatura 18 miliard M. Nad adresou přípis* 14/11 1923, *zřejmě matčinou rukou.*

1) Nedatováno. Datace určena podle Kafkova uvedení dne v týdnu (Úterý) a podle poštovního razítka (ze středy 14. 11. 1923).

2) Kafka, zdá se, počítal s tím, že rodiče smění jeho penzi v Praze za marky podle výhodnějšího československého kursu a marky se pak formou úvěrního listu předisponují do některé z berlínských bank, kde by si je vybíral.

6

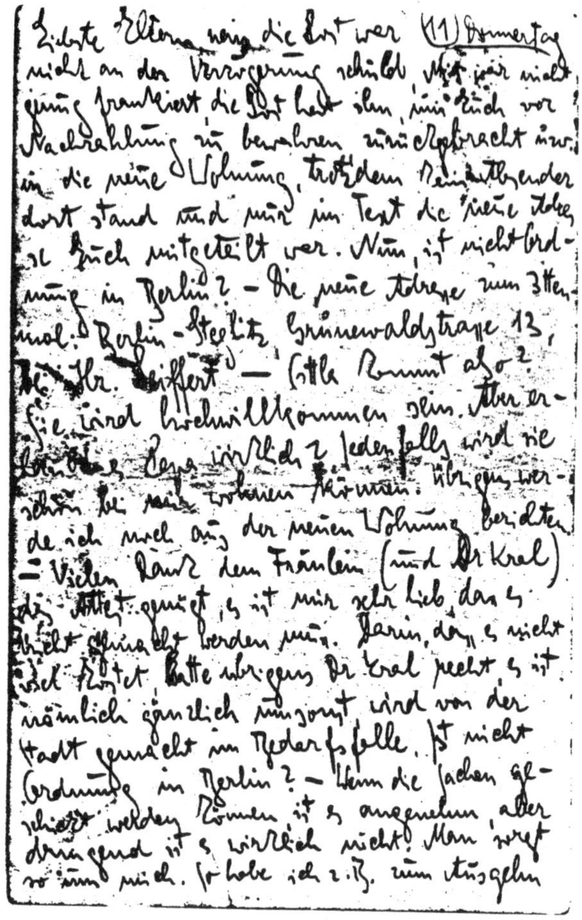

Liebste Eltern, wenn die Post vom (11) Donnerstag
nicht an der Verzögerung schuld ist, so war sie nicht
genug frankiert, die Post hat sie nur um Euch vor
Nachzahlung zu bewahren zurückgebracht usw.
in die neue Wohnung, trotzdem kein Absender
dort stand und nur im Text die neue Adres-
se Euch mitgeteilt war. Nun, ist nicht Ord-
nung in Berlin? – Die neue Adresse zum 3ten
mal: Berlin-Steglitz, Grunewaldstraße 13,
bei Hr. Seiffert — Ottla kommt also?
Sie wird hochwillkommen sein. Aber er-
[illegible] Reise wirklich? Jedenfalls wird sie
schön bei mir wohnen können. Übrigens wer-
de ich noch aus der neuen Wohnung berichten.
— Vielen Dank dem Fräulein (und Dr Kral)
das Attest genügt, es ist mir sehr lieb, dass es
nicht beglaubigt werden muss. Darin, dass es nicht
viel kostet hatte übrigens Dr Kral recht, es ist
nämlich gänzlich umsonst, wird von der
Stadt gemacht im Bedarfsfalle. Ist nicht
Ordnung in Berlin? – Wenn die Sachen ge-
schickt werden können, ist es angenehm, aber
dringend ist es wirklich nicht. Man sorgt
so um mich. So habe ich z. B. zum Ausgehn

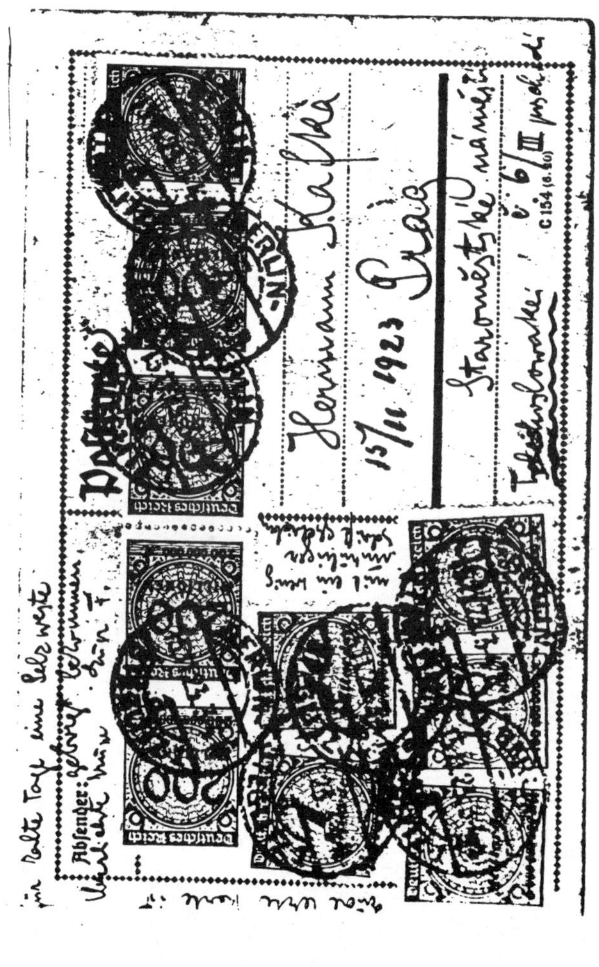

[BERLÍN-STEGLITZ, 15. LISTOPADU 1923][1)]

/11/ čtvrtek

Nejmilejší rodiče, nikoliv, pošta nebyla tím zpožděním vinna, lístek č. 9 nebyl dostatečně frankován, pošta ho, aby Vás uchránila doplatného, doručila zpět,[2)] a to do nového bytu, ačkoliv tam nebyl uveden odesílatel a jenom v textu Vám byla sdělována nová adresa. Tak není v Berlíně pořádek? — Nová adresa potřetí: Berlín-Steglitz, Grunewaldstrasse 13, u p. Seifferta — Ottla tedy přijede?[3)] Bude velice vítána. Ale dovolí to Pepa[4)] opravdu? Rozhodně u mne bude hezky ubytována. Ostatně podám ještě zprávu z nového bytu. — Srdečný dík slečně[5)] (a dr. Kralovi),[6)] lékařské vysvědčení[7)] stačí, jsem velmi rád, že se nemusí vystavovat. V tom, že mnoho nestojí, měl dr. Kral ostatně pravdu, je totiž úplně zdarma, v případě potřeby je vystavuje město. Není v Berlíně pořádek? — Mohou-li být ty věci zaslány, je to příjemné, ale nutné to opravdu není. Tolik se o mne pečuje. Tak mi byla např. na vycházky v chladných dnech zapůjčena kožešinová vesta.

Co nejsrdečněji zdraví Váš F.

Váš poslední lístek je psán trochu neklidným písmem.

Dopisnice 14×9 cm, obě strany popsány perem, včetně adresy: Hermann Kafka, Prag, Staroměstské náměstí č. 6/III poschodí, Tschechoslowakei. *Dopisnice Kafkou označena číslem 11. Frankatura 18 miliard M. Pod jménem příjemce přípis* 15/11 1923, *zřejmě matčinou rukou.*

1) Datace určena podle Kafkova uvedení dne v týdnu (Čtvrtek) a podle poštovního razítka: 15. 11. 23.

2) Viz též dopis Ottle ze 17. 11. 1923: „Č. 9 před několika dny správně došlo.“ (O, 142)

3) Ottla byla u Franze ve Steglitzu 25. listopadu 1923. (O, 243, viz též dopis č. 3, pozn. 8)

4) JUDr. Josef David (1891—1962), Ottlin manžel od 15. 7. 1920, Čech a křesťan. Mj. překládal Kafkovi do češtiny jeho úřední dopisy.

5) Viz dopis č. 3, pozn. 10.

6) MUDr. Jindřich Král, lékař Kafkovy rodiny; bydlel v Mikulášské (dnes Pařížské) ulici č. 20 na Starém Městě.

7) Šlo patrně o lékařské potvrzení, které Kafka potřeboval při změně bydliště v Berlíně. Dr. Král (psal např. Kafkovi 20. 11. 1918 vysvědčení, že onemocněl zánětem plic) poslal asi prostřednictvím slečny Wernerové starší lékařský posudek.

7

(12) Dienstag Liebste Eltern, diesmal war es eine besondere Freude Euere beiden Briefe und vor allem die l. Vaters Mitteilung über seine Gesundheit. Schade, daß ich nicht genug Marken habe, um Euch ausführlich zu antworten, vielleicht nächstens. Ab 1. kommt übrigens der verteuerte Tarif, dann wird man keine Markensorgen mehr haben, allerdings wird es dann so teuer sein, daß man aus diesem Grunde nicht wird schreiben können. — Die Wohnung ist so schön, daß ich fürchte, ich werde sie aus dem oder jenem Grunde bald verlieren. Freilich teuer ist sie. — Das Paket ist heute angekommen, morgen werde ich es mir holen lassen. Hat es viel gekostet? — Bei den gegenwärtigen Verhältnissen ist es am besten Kč zu schicken, keinesfalls Dollars. Warum denn? Dann würde man ja bei dem zweimaligen Wechseln nur Geld verlieren. — Päckchen II ist noch nicht gekommen, es geschieht mir ganz recht, am Anfang des Monats, als ich Butter-Überfluß hatte, habe ich auf Butter statt auf … übrigens habe ich

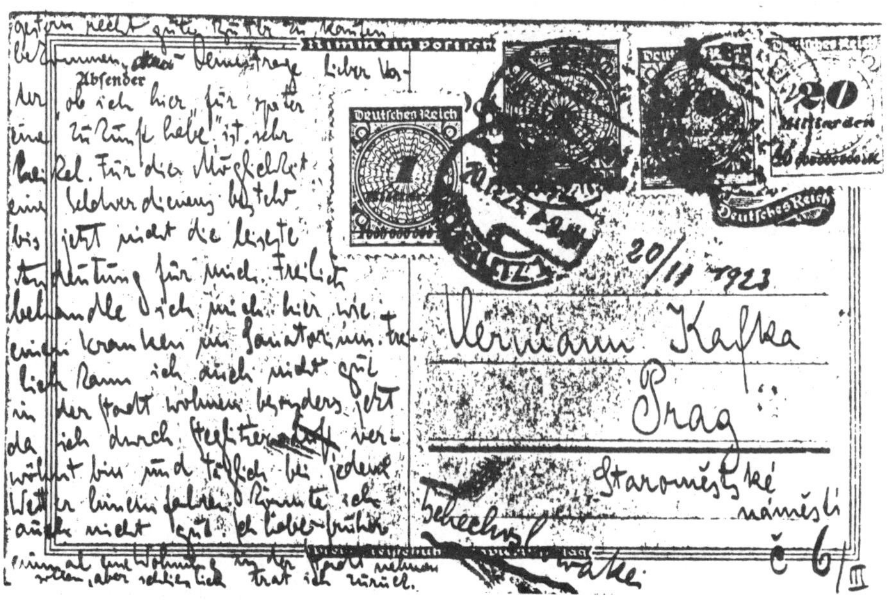

gestern recht gute Butter zu kaufen bekommen. — Deine Frage, lieber Vater, ob ich hier für später eine Zukunft habe, ist sehr [illegible]. Für die Möglichkeit eines Verdienens besteht bis jetzt nicht die leiseste Ahnung für mich. Freilich behandle ich mich hier wie einen Kranken im Sanatorium. Freilich kann ich auch nicht gut in der Stadt wohnen, besonders jetzt da ich durch Steglitz verwöhnt bin und täglich bei jedem Wetter hineinfahren könnte ich auch nicht gut. Ich habe früher einmal eine Wohnung in der Stadt nehmen wollen, aber schließlich trat ich zurück.

Absender

[BERLÍN-STEGLITZ, 20. LISTOPADU 1923][1)]

/12 / Úterý/ Nejmilejší rodiče, tentokrát to byla obzvláštní radost, oba Vaše dopisy a hlavně zpráva milého otce o jeho zdravotním stavu. Škoda, že nemám dost známek, abych Vám zebrubně odpověděl, snad příště. Ostatně od 1. bude zaveden tarif se stálou hodnotou,[2)] pak už nebudou starosti se známkami, ovšem bude to potom tak drahé, že se z toho důvodu nebude moci psát. — Byt je tak krásný, až se bojím, že o něj z toho nebo onoho důvodu brzy přijdu.[3)] Ovšem je drahý. — Balík dnes došel, zítra si pro něj pošlu. Stál mnoho peněz? — Za dnešních poměrů je nejlépe posílat Kč, rozhodně ne dolary. Proč? To by se přece při dvojím měnění jen přišlo o peníze.[4)] — Balíček X dosud nedošel, patří mi to, začátkem měsíce, když jsem měl nadbytek másla, nechal jsem vařit na másle místo na margarínu. Včera jsem ostatně dostal velmi dobré máslo ke koupi. — Tvůj dotaz, milý otče, mám-li zde „později nějakou budoucnost", je velice ožehavý. Pokud jde o možnost vydělávání peněz, není na to u mne dosud ani pomyšlení. Samozřejmě pečuji tu o sebe, jako se pečuje o nemocného v sanatoriu. Samozřejmě nemohu také bydlet ve městě, zvláště nyní, když jsem zhýčkaný vzduchem ve Steglitzu, a den co den tam za každého počasí dojíždět bych také nemohl. Měl jsem si jednou dřív ve městě najmout byt, ale nakonec jsem od toho ustoupil.

Dopisnice 14×9 cm, obě strany popsány perem, včetně adresy: Hermann Kafka, Prag, Staroměstské náměstí č 6/III, Tschechoslowakei. *Dopisnice Kafkou označena číslem 12. Frankatura 36 miliard M. Nad adresou přípis* 20/11 1923, *zřejmě matčinou rukou.*

1) Nedatováno. Datace určena podle Kafkova uvedení dne v týdnu (Úterý) a podle poštovního razítka: 20. 11. 23.
2) Dne 1. prosince 1923 byly v Německu vydány poštovní známky bez označení měny (platily do 31. ledna 1928).
3) Viz dopis č. 3, pozn. 7. Téměř shodný text v dopise Mileně „z druhé poloviny listopadu 1923" (M, 320) umožňuje datovat dopis Mileně do blízkosti 20. listopadu.
4) Viz dopis č. 2, pozn. 3—4.

8

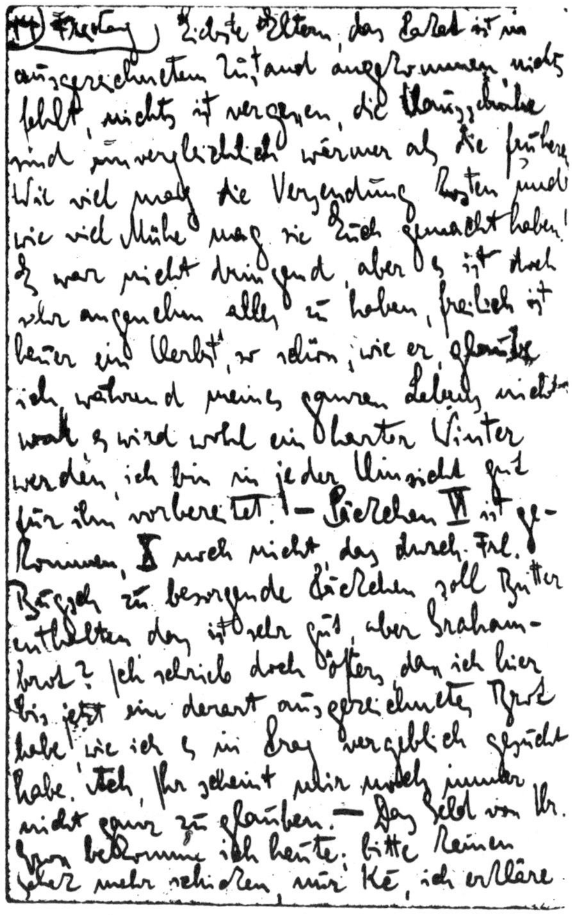

(14) Freitag. Liebste Eltern, das Paket ist in ausgezeichnetem Zustand angekommen, nichts fehlt, nichts ist vergessen, die Hausschuhe sind unvergleichlich wärmer als die früheren. Wie viel mag die Versendung kosten und wie viel Mühe mag sie Euch gemacht haben! Es war nicht dringend, aber es ist doch sehr angenehm alles zu haben, freilich ist keiner ein Verlust, so schön, wie er, glaube ich während meines ganzen Lebens nicht. Es wird wohl ein harter Winter werden, ich bin in jeder Hinsicht gut für ihn vorbereitet. — Päckchen VI ist gekommen, V noch nicht, das durch Frl. Bugsch zu besorgende Päckchen soll Butter enthalten, das ist sehr gut, aber Grahambrot? Ich schrieb doch öfters, dass ich hier bis jetzt ein derart ausgezeichnetes Brot habe, wie ich es in Prag vergeblich gesucht habe. Ich, Ihr scheint mir noch immer nicht ganz zu glauben. — Das Geld von Dr. Horn bekomme ich heute. Bitte keinen Käse mehr schicken, nur Kē, ich erkläre

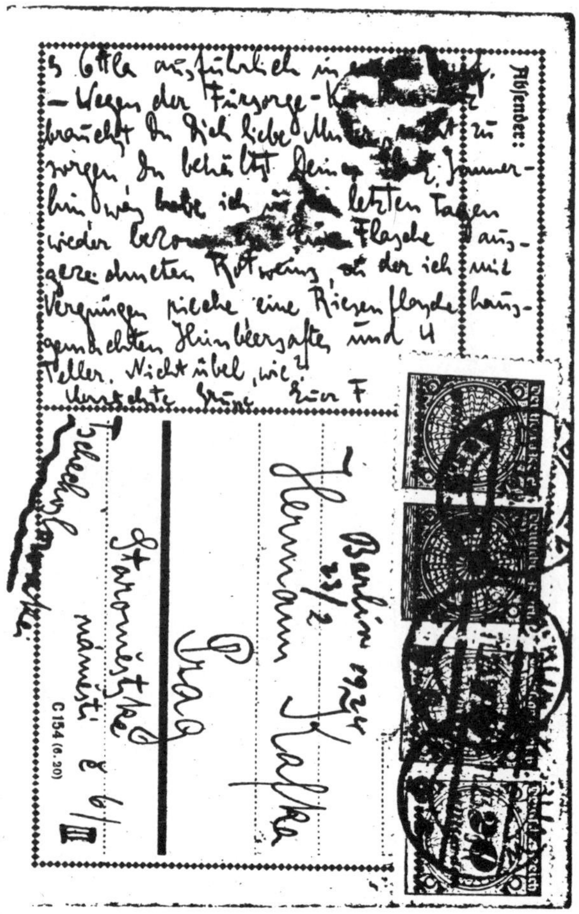

es Ottla ausführlich in [illegible]. — Wegen der Fürsorge-K[illegible] brauchst Du Dich liebe Mutter [illegible] zu sorgen, Du behältst [illegible]. Immerhin habe ich in den letzten Tagen wieder bekommen [illegible] Flasche ausgezeichneten Rotwein, aus der ich mit Vergnügen trinke, eine Riesenflasche hausgemachten Himbeersaftes und 4 Teller. Nicht übel, wie? Herzlichste Grüsse Euer F

Absender:

Berlin 23/2 1924

Herrmann Kafka

Prag

Staroměstské náměstí č 6/III

Tschechoslowakei

C 154 (6.20)

[BERLÍN-STEGLITZ, 23. LISTOPADU 1923][1])

14 /Pátek/ Nejmilejší rodiče, balík došel ve výtečném stavu, nic nechybí, nic se neztratilo, domácí střevíce jsou nesrovnatelně teplejší než ty dřívější.[2]) Kolik asi ta zásilka stojí a kolik námahy Vám asi způsobila! Nebylo to nezbytně nutné, ale je přece velmi příjemné všecko mít, ovšem letos je podzim krásný, jako myslím za celý můj život nebyl, nastane asi tuhá zima, jsem na ni v každém ohledu dobře připraven. — Balíček IX došel, X dosud ne, v balíčku, který měla obstarat slečna Bugschová,[3]) je prý máslo, to je výborné, ale Grahamův chléb? Často jsem přece psal, že tady dosud mám tak znamenitý chléb, jaký jsem v Praze marně sháněl. Ach, zdá se, že mi stále ještě docela nevěříte. — Peníze od p. Grosse[4]) dostanu dnes; žádný šek už, prosím, neposílejte, jen Kč, vysvětlím to Ottle podrobně v dopise. — Pokud jde o konkurenci v pečování, nemusíš si, milá matko, dělat starosti, nepřijdeš o své místo. Co jsem to jen v posledních dnech zase dostal? Láhev vynikajícího červeného vína, k němuž s potěšením čichám, obrovskou láhev domácí malinové šťávy a 4 talíře. Není to špatné, že?
Co nejsrdečněji zdraví
Váš F

Dopisnice 14×9 cm, obě strany popsány perem, včetně adresy: Hermann Kafka, Prag, Staroměstské náměstí č 6/III, Tschechoslowakei. *Dopisnice Kafkou označena číslem 14. Frankatura 36 miliard M. Nad adresou přípis* Berlin 23/2 1924 *(mylná datace), zřejmě matčinou rukou.*

1) Nedatováno. Datace určena podle Kafkova uvedení dne v týdnu (Pátek) a podle poštovního razítka: 23. 11. 23.
2) Viz dopis č. 3 a k němu pozn. 9.
3) Slečna Irene Bugschová — dcera spolumajitele sanatoria v Matliarech Alexandra Bugsche. Patřila se svou sestrou Margaretou ke kruhu přátel Franze Kafky a Roberta Klopstocka za jejich léčebného pobytu v Tatrách v r. 1921. Jako „slečna Irene" se vyskytuje v Kafkových dopisech Klopstockovi po Kafkově odjezdu z Matliar na podzim r. 1921. V dvaceti šesti letech se tehdy ucházela o přijetí na uměleckoprůmyslovou akademii v Drážďanech a Kafka jí k tomu opatřoval doporučující dopisy, třebaže nebyl přesvědčen o jejím talentu. Nakonec byla nicméně k jeho údivu přijata (Br, 354—357, 359, 363—364). Koncem ledna 1924 navštívila Kafku v Berlíně-Steglitzu (Br, 474). Ve Wagenbachově obrazové monografii je na dvou skupinových fotografiích spolu s Kafkou, se svou sestrou Margaretou a dalšími pacienty z Matliar (s. 197 anglického vydání).
4) Viz dopis č. 2, pozn. 4.

9

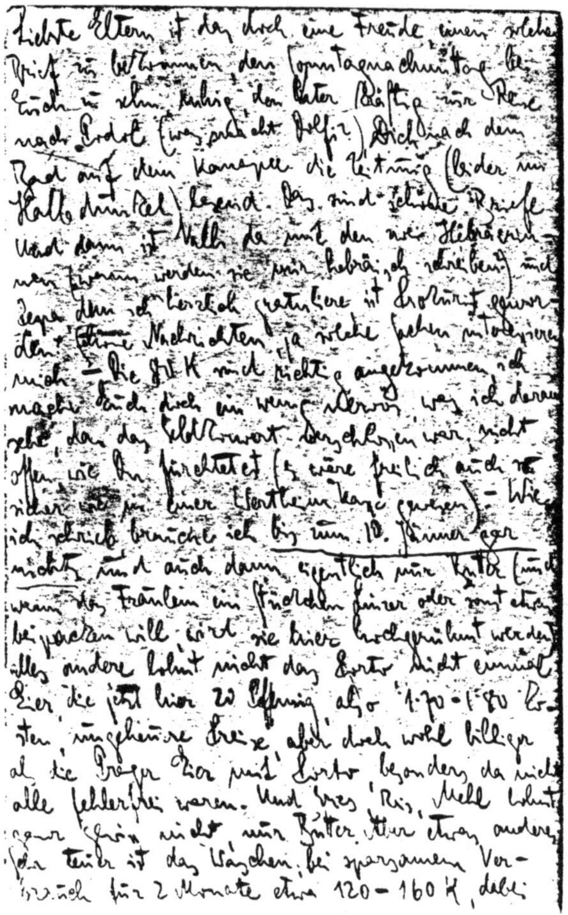

[BERLÍN-STEGLITZ, 19. PROSINCE 1923][1)]

Nejmilejší rodiče, je to ale radost dostat takový dopis, uvidět nedělní odpoledne u Vás, otce posíleného na cestu do Podolí [2)] (co dělá Dolfi?),[3)] Tebe, jak čteš po koupeli na pohovce (bohužel v přítmí) noviny. To jsou krásné dopisy. A pak je tam Valli s těmi dvěma Hebrejkami [4)] (kdy mi napíšou hebrejsky?) a Pepa,[5)] jemuž ze srdce gratuluji, stal se prokuristou. Krásné zprávy, ano, takové věci mě zajímají. — Těch 80 K v pořádku došlo, avšak jste ze mne trochu nervózní, což vidím z toho, že obálka s penězi byla zalepená, nikoliv otevřená, jak ses obávala (sice i tak by to bývalo v bezpečí jako ve wertheimce). — Jak jsem psal, až do 10. ledna vůbec nic nepotřebuji a i potom vlastně jen máslo (a jestli slečna[6)] přibalí kousek lineckého koláče nebo něčeho jiného, bude zde velebena), u ničeho jiného se nevyplatí poštovné, ani u vajec, která zde teď stojí 20 feniků, tedy 1,70—1,80, obrovské ceny, ale přece asi přijdou laciněji než pražská vejce s poštovným, zvláště když všechna nebyla bez vady. A krupice, rýže, mouka se nevyplatí zcela určitě, jenom máslo. Ale něco jiného. Tuze drahé je praní; při úsporné spotřebě za 2 měsíce tak 120—160 K, přitom bez žehlení a ne moc spolehlivě, pokud jde o prací prostředky. Nevyplatilo by se poslat každého 1 1/2 měsíce prádlo do Prahy? Samozřejmě na to lze říci „to už můžeme jíst rovnou pod stolem". — Počasí, na které si stěžujete, nebylo zde dosud nikterak špatné, sucho a ne moc chladno, trochu mlha, byl jsem až na 1, 2 výjimky den co den venku. Teď prší, ale nijak zle. — Svému pokoji dávám za úkol, aby strýce[7)] velice vlídně přijal a opatroval. Co nejsrdečněji všechny pozdravuje

F

Paní Lise[8)] nezatěžujte, prosím, ničím jiným než penězi.

Dopisnice 14×9 cm, obě strany popsány perem, včetně adresy: Hermann Kafka, Prag, Staroměstské náměstí č. 6/III poschodí, Tschechoslowakei. *Frankatura zčásti odlepena.*

1) Nedatováno. Datace určena podle poštovního razítka: 19.12.23.

2) Souvislost se nepodařilo zjistit.

3) Dolfi — zmíněnou osobu se nepodařilo identifikovat.

4) Valli (Valerie) Pollaková, viz dopis č. 3, pozn. 11; dvěma Hebrejkami jsou nepochybně míněny její dcerky Marianne (nar. 1913) a Lotte (nar. 1914). Na to, zda Lotte dělá pokroky v hebrejštině, se Kafka ptá své sestry Valli v dopise z první poloviny listopadu 1923. (Br, 463) Dosáhl také toho, že Lotte navštěvovala židovskou školu založenou roku 1920. (BH I, 567)

5) Míněn Josef Pollak, manžel Kafkovy sestry Valli, který se právě stal prokuristou u firmy Fuchs.

6) Slečna — viz dopis č. 3, pozn. 10.

7) Jde o Kafkova oblíbeného strýce Siegfrieda Löwyho (1867—1942), „venkovského lékaře" z Třešti, u něhož Kafka dříve trávil prázdniny a dovolené a který za této návštěvy v Praze bydlel ve Franzově pokoji.

8) Lise Kaznelsonová, žena dr. Siegmunda Kaznelsona (viz dopis č. 12, pozn. 14), sestra Roberta a sestřenice Felixe Weltsche, vyfotografovaná s Kafkou na známém snímku z roku 1913 v letadle ve vídeňském Prátru, se s Kafkou stýkala v době jeho berlínského pobytu a byla, jak je vidět, jedním z „doručovatelů" peněz od rodiny.

10

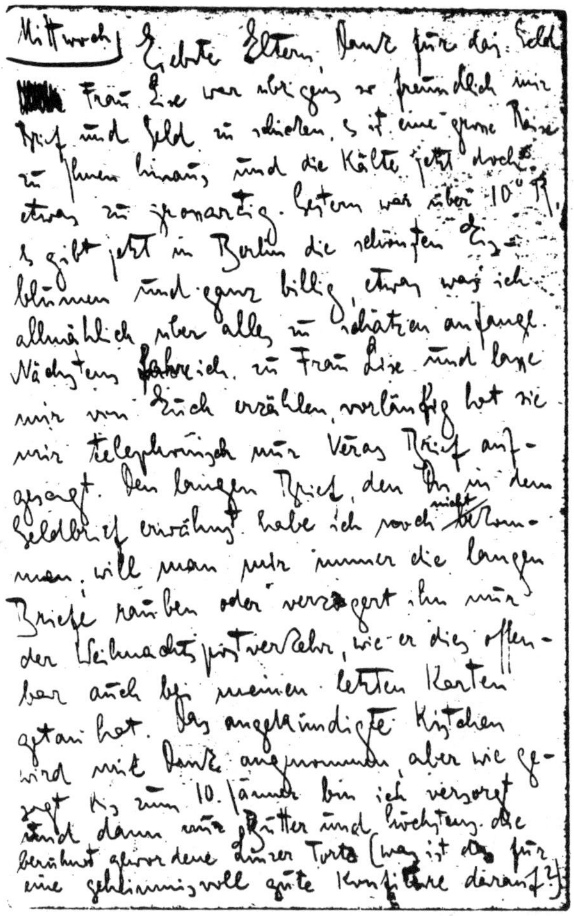

Mittwoch

Liebste Eltern, Dank für das Geld. Frau Lise war übrigens so freundlich mir Brief und Geld zu schicken, es ist eine grosse Reise zu Ihnen hinaus und die Kälte jetzt doch etwas zu grossartig. Gestern war über 10° R. Es gibt jetzt in Berlin die schönsten Eisblumen und ganz billig, etwas was ich allmählich über alles zu schätzen anfange. Nächstens fahre ich zu Frau Lise und lasse mir von Euch erzählen, vorläufig hat sie mir telephonisch nur Veras Brief aufgesagt. Den langen Brief, den Ihr in dem Geldbrief erwähnt, habe ich noch nicht bekommen. Will man jetzt immer die langen Briefe rauben oder verzögert ihn nur der Weihnachtspostverkehr, wie er dies offenbar auch bei meinen letzten Karten getan hat. Das angekündigte Kistchen wird mit Dank angenommen, aber wie gesagt bis zum 10. Jänner bin ich versorgt und dann nur Butter und höchstens die berühmt gewordene Linzer Torte (was ist das für eine geheimnisvoll gute Konfitüre darauf?)

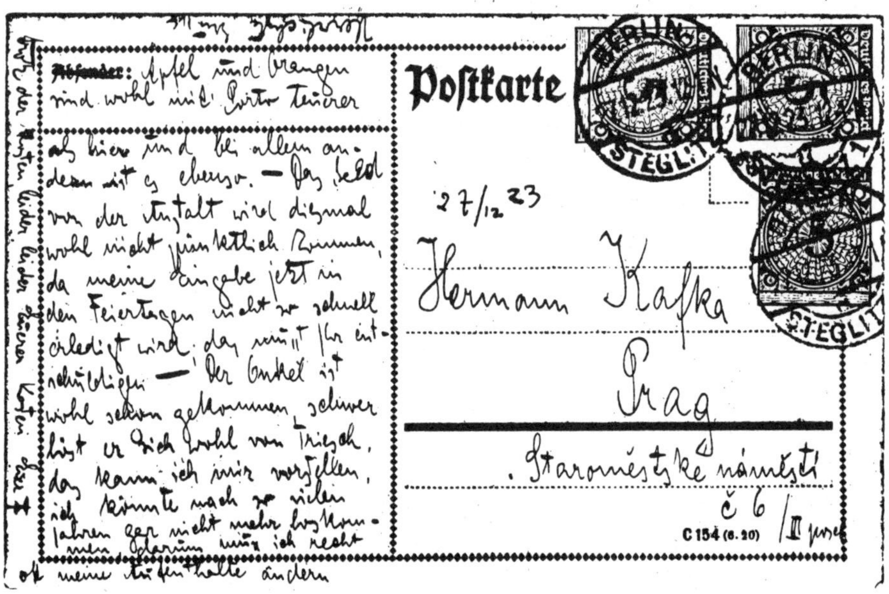

~~Absender:~~ Äpfel und Orangen sind wohl nicht teurer als hier und bei allem andern ist es ebenso. — Das Geld von der Anstalt wird diesmal wohl nicht pünktlich kommen, da meine Eingabe jetzt in den Feiertagen nicht so schnell erledigt wird, das müsst Ihr entschuldigen. — Der Onkel ist wohl schon gekommen, schwer löst er sich wohl von Triesch, das kann ich mir vorstellen, ich könnte nach so vielen Jahren gar nicht mehr loskommen. Darum muss ich recht oft meine Aufenthalte ändern

Postkarte

27/12 23

Hermann Kafka

Prag

Staroměstské náměstí

č 6 /III patro

C 154 (8.20)

[BERLÍN-STEGLITZ, 27. PROSINCE 1923][1)]

Středa/[1)] Nejmilejší rodiče, děkuji za peníze, paní Lise[2)] byla ostatně tak laskavá a dopis i peníze mi poslala, je to tam k nim veliká cesta a zima je teď až trochu příliš velkolepá. Včera přes 10° R, v Berlíně jsou teď překrásné ledové květy a velice laciné, což pomalu začínám nesmírně oceňovat. Příště k paní Lise zajedu a nechám si o Vás vyprávět, prozatím mi jen v telefonu přeříkala Věřin[3)] dopis. Ten dlouhý dopis, o němž se zmiňuješ v dopise s penězi, jsem dosud neobdržel; chtějí mě stále o dlouhé dopisy olupovat, nebo s ním vánoční pošta jen otálí, jako to zřejmě učinila i s mými posledními lístky. Ohlášená bedýnka bude s díky přijata, ale jak řečeno,[4)] do 10. ledna jsem zásoben a pak pouze máslo nebo nanejvýš vyhlášený linecký koláč (co je to na něm za tajemně dobrou zavařeninu?). Jablka a pomeranče jsou s poštovným asi dražší než zde a u všeho ostatního je tomu zrovna tak. — Peníze z ústavu tentokrát asi nepřijdou včas, jelikož moje podání[5)] nebude teď o svátcích tak rychle vyřízeno, to musíte prominout. — Strýc[6)] už asi přijel, těžko se jistě s Třeští loučí, to si dovedu představit, já bych se po tolika letech už vůbec nedokázal odloučit, proto musím velice často měnit pobyt navzdory výlohám, bohužel, bohužel Vašim výlohám. Váš F

Co nejsrdečněji zdravím.

27/12 23

Dopisnice 14×9 cm, obě strany popsány perem, včetně adresy: Hermann Kafka, Prag, Staroměstské náměstí č. 6/III posch. *Frankatura 15 (viz dopis č. 7, pozn. 2).*

1) Dopis je Kafkou datován 27/12 23 (nad adresou příjemce) a také datum poštovního razítka je z 27. 12. 1923, tj. ze čtvrtka, středa byla 26. 12. 1923.

2) Viz dopis č. 9, pozn. 8.

3) Věra — viz dopis č. 1, pozn. 3.

4) Viz dopis č. 9.

5) Jde o dopis řediteli ústavu dr. Bedřichu Odstrčilovi z 20. 12. 1923 (viz dopis č. 2, pozn. 4). Koncem října 1923 požádal Kafka sestru Ottlu, aby navštívila ředitele pojišťovny dr. Odstrčila a vyložila mu důvody, proč Kafka potřebuje zůstat v Berlíně, požádala jej o svolení ústavu s jeho pobytem ve Steglitzu a o zasílání peněz na adresu rodičů. (O, 145—146) Na přání ředitelství pojišťovny napsal pak Kafka 20. prosince 1923 žádost, aby ústav dal svolení k jeho léčebnému pobytu v Berlíně, kterou mu do češtiny přeložil jeho švagr Josef David (německý text žádosti viz O, 149—151, český viz L, 80—81; další bibliografické a jiné údaje viz u dopisu č. 2, pozn. 4.). Ředitel ústavu odpověděl na Kafkovu žádost 31. prosince 1923 (viz dopis č. 11, pozn. 4).

6) Viz dopis č. 9, pozn. 7.

11[1]

Liebste Eltern, der große Brief ist also verloren gegangen, immer nur Deine großen Briefe, ich weiß nicht was die Post gegen mich hat. Dafür kam gestern die Karte und heute das Paket, vielen Dank für das Viele, Ausgesündigte und Geschickte. Übel würde vermerkt, daß die Sendung vor dem 10. Jänner kam, aber der Inhalt hat wieder versöhnt. Tatsächlich aber habe ich noch von der alten Butter genug bis zum 10.ten, sie hält jetzt sehr gut, man muß sie immer erst herausreißen aus ihrer Verfrorenheit hinter dem Fenster. Ja die Kälte ist kräftig, aber unter meiner ausgezeichneten leichten und warmen Daunensteppdecke ist warm, manchmal gibt es sogar auf der Lehne eines Sessels hier in der Sonne einen warmen Augenblick und mit dem Rücken an der Centralheizung ist es auch recht gut, gar wenn man noch zum Überfluß die Füße im Fußsack hat. Freilich in Eurem Zimmer am Ofen ist es auch schön (außer damals als Du Dich dort wärmtest vor der Operation). — Heute kam der Antwortbrief von der Anstalt, sehr freundlich mit netten Neujahrswünschen. Ich muß einen Vollmachtsbrief schicken, auch einen kleinen Dankbrief an den Direktor schicken, zwei kleine Übersetzungen um die ich Pepa sehr bitte, sie sind auch der Anlaß der heutigen Briefverschwendung. — Übrigens zeigen sich jetzt nach Neujahr winzige Anzeichen einer Preisherabsetzung, wenn nur die politischen Dinge nicht wieder dazwischenfahren, woran sie alle Lust zu haben scheinen. Die Stadtbahnfahrt nach dem Potsdamerplatz, die vor Neujahr 1 K 20 kostete, kostet jetzt 80 h

[BERLÍN-STEGLITZ, MEZI 3.—4. LEDNEM 1924][1]

Nejmilejší rodiče, ten velký dopis se tedy ztratil, vždy jen Tvé velké dopisy, nevím, co pošta proti mně má. Zato včera došel lístek a dnes balík, srdečný dík za tak mnohé, ohlášené a poslané věci. Nerado se vidělo, že zásilka přišla před 10. lednem,[2] avšak obsah zase usmířil, ale skutečně ještě mám starého másla dostatek až do 10tého, teď dlouho vydrží, musí se vždy nejdřív odtrhnout, jak je za oknem zmrzlé. Ano zima je tuhá, ale pod mou znamenitou lehkou a teplou prachovou přikrývkou je teplo, někdy je tu chvilku teplo dokonce i na slunci na lavičce v parku a opřít se zády o ústřední topení je taky velice dobré, zvlášť když má člověk navíc ještě nohy v nánožníku. Ovšem ve Vašem pokoji u kamen je taky krásně (krom toho, když ses tam tehdy hřála před operací).[3] — Dnes přišla odpověď z ústavu, velice laskavá s hezkým přáním nového roku.[4] Musím poslat plnou moc, rovněž malý děkovný dopis řediteli, dva malé překlady,[5] o něž velice prosím Pepu,[6] ty jsou také důvodem dnešního marnotratného psaní. — Ostatně se teď po Novém roce ukazují nepatrné známky snížení cen, jen jestli se do toho zas nevloží politické věci, k čemuž, zdá se, mají velkou chuť. Jízda městskou drahou na Postupimské náměstí, která před Novým rokem stála 1 K 20, stojí nyní 80 h, litr lihu, před Novým

Dopis, 1 list 22×14,2 cm, obě strany popsány perem.

1) Nedatováno. Pravděpodobné datum určeno podle obsahu („Dnes přišla odpověď z ústavu . . .“): Dopis ředitele ústavu dr. Odstrčila, odpověď na Kafkovu žádost z 20. 12. 1923 (viz dopis č. 2, pozn. 4 a č. 10, pozn. 5) byl podle archívních dokladů v LA PNP, FK napsán 31. 12. 1923 (viz též L, 81) a z Prahy odeslán 2. 1. 1924, došel tedy do Berlína pravděpodobně 3.—4. 1. 1924. Po jeho obdržení Kafka posílá Ottle dopis s textem dvou děkovných dopisů ředitelství Dělnické úrazové pojišťovny a řediteli dr. Odstrčilovi s prosbou, aby mu je Ottlin manžel Josef David jako obvykle přeložil do češtiny. (O, 147—151) Kafka pak odesílá oba dopisy v českém znění z Berlína 8. 1. 1924.

2) Viz dopisy č. 9 a 10.

3) Kafkova matka se musela rok předtím, pravděpodobně v lednu 1923, podrobit těžké operaci.

4) Na Kafkovu žádost z 20. 12. 1923 odpověděl ředitel dr. Bedřich Odstrčil tímto přípisem z 31. 12. 1923:

„Panu J. U. Dru Františku Kafkovi, vrchnímu tajemníku ve výsl. Úrazové pojišťovny dělnické pro Čechy v Praze, t. č. v Berlíně-Steglitzi.

ein Liter Spiritus vor Neujahr 6K40 kostet jetzt 3K60h, weitere derartige Erscheinungen habe ich leider nicht beobachten können, aber auch diese erfreuen schon das geängstigte ~~Herz~~ Herz, das ein Weilchen vorher bange geklopft hat vor dem ausgehängten Speisezettel eines Winkelrestaurants, in dem Wiener Schnitzel mit Spargel für 20 K angeboten waren. – Ich habe Elli vor einiger Zeit paar Adressen geschickt für den Fall, dass sie etwas mit dem jüdischen Frauenverband zu tun hat, der jetzt Liebesgabenpakete nach Deutschland schickt. Sie hat mir nicht geantwortet, wahrscheinlich hat sie mit dem Verband nichts zu tun. Ich habe letzthin ein solches Paket gesehn, groß und reichhaltig genug, eine wirklich ehrenwerte Leistung, aber doch trostlos, nur unbedingt notwendiges und gerade solches, das wie Gries, Mehl, Reis hier gewiss nicht teuerer ist als in Prag. Hätten Sie doch von Euch gelernt Liebespakete zusammenzustellen, freilich Eure Recepte wären etwas zu teuer. – Dass dem Onkel, der soviele Triester Winter durchgemacht hat, der Prager Winter zu kalt ist, ist merkwürdig. Meran, das wäre nicht übel, vorläufig aber bleibe ich hier, aber sehr neugierig bin ich wie die Verhältnisse dort sind. Sehr billig wird dort wohl jetzt nicht sein, denn da die Deutschen bei ihren Inlandspreisen jetzt sehr gut reisen können, werden sie gewiss wie in Friedenszeiten Südtirol und den Gardasee überfüllen und die Leute dort, die solange eine gute Saison haben entbehren müssen, werden sich zu entschädigen suchen. Immerhin, spielen lässt sich mit dem Gedanken. Herzlichste Grüße und wärmt Euch schön bei einander (in welchem Zimmer sitzt Ihr am Abend?) Euer F.

rokem 6 K 40, stojí teď 3 K 60, další podobné úkazy jsem bohužel nezpozoroval, ale už i tyhle potěší znepokojené srdce, které před chvilkou tlouklo úzkostí před vyvěšeným jídelním lístkem restaurace na rohu, ve kterém nabízeli vídeňské řízky s chřestem za 20 K. — Poslal jsem Elli před časem několik adres pro případ, že má něco společného se Židovským ženským spolkem, který teď posílá do Německa milodary v podobě balíků.[7] Neodpověděla mi, pravděpodobně nemá s tím spolkem nic společného. Nedávno jsem takový balík viděl, byl dost velký a plný různých věcí, opravdu chvályhodný výkon, přece však bezútěšný, jen bezpodmínečně nutné věci a právě takové, které jako krupice, mouka, rýže zde určitě nejsou dražší než v Praze. Kdyby se tak od Vás naučili posílat milodary v podobě balíků, ovšem Vaše recepty by byly trochu příliš drahé.[8] — Je zvláštní, že strýci,[9] který prožil tolik zim v Třešti, je pražská zima příliš chladná. Meran,[10] to by nebylo špatné, zatím však zůstanu tady, ale jsem velice zvědav, jaké jsou tam poměry. Moc lacino tam teď asi nebude, když totiž Němci při svých tuzemských cenách mohou teď velmi dobře cestovat, zaplní určitě jako v mírových dobách Jižní Tyroly a Gardské jezero a tamější lidé, kteří museli tak dlouho čekat na dobrou sezónu, budou si to hledět vynahradit. Vida, jak si lze s tou myšlenkou pohrávat. Co nejsrdečněji zdravím a hřejte se hezky pospolu (v kterém pokoji večer sedíte?). Váš F.

Vzhledem k Vašemu dopisu z 20. t. m. sdělujeme s Vámi, že žádosti Vaší o zasílání Vašich zaopatřovacích požitků přímo Vašim pánům rodičům milerádi vyhovíme, zašlete-li zcela jednoduché prohlášení (bez kolku), že zplnomocňujete Své pány rodiče k jich přijímání.

Kromě toho račte zaslati každého měsíce nebo i za více měsíců — dle Své libosti — tamějším policejním úřadem ověřené potvrzení o žití, kteréž datováno býti musí dnem prvým nebo některým následujícím toho měsíce, za který Vám pensijní požitky mají býti poukázány.

Kdybyste však trvale *se chtěl usaditi v Německu nebo jinde v cizině, musil byste nám to oznámiti a požádati za další vyplácení Vašich nezkrácených zaopatřovacích požitků.*

Zároveň přejeme Vám, by v nastávajícím novém roce zdravotní stav Váš se co nejvíce zlepšil a pobyt Váš v nynějším bydlišti byl Vám opravdu a trvale na prospěch.

V Praze, dne 31. prosince 1923.

Ředitel: podpis“

(Kopie tohoto dopisu, přiložená ke Kafkově žádosti pod čj. 1152/1923, je uložena v LA PNP, FK, č. kartónu 2.) Ke Kafkově žádosti z 20. 12. 1923 viz dopis č. 2, pozn. 4, a č. 10, pozn. 5.

5) Texty obou dopisů jsou s širším vysvětlením obsaženy v Kafkově dopise Ottle (O, 152—153), jejž Binder a Wagenbach datují „1. týden ledna 1924", který je však nyní možno datovat poněkud přesněji (3.—4. 1. 1924): „Dopis ústavu, za nějž vděčím Tobě, je velice laskavý a nikterak složitý, jsou potřeba dva malé překlady, a to: ‚Se zřetelem na ctěný přípis tamějšího ředitelství ze dne 31. XII. 1152/23, za který co nejzdvořileji děkuji, dávám tímto svým rodičům, Heřmanu a Julii Kafkovým, zmocnění, aby přijímali výplatu mých pensijních požitků.' Pak ještě malý děkovný dopis: ‚Velectěný pane řediteli! Račte mi ještě dovoliti, velectěný pane řediteli, abych Vám jednak za příznivé vyřízení mé žádosti, jednak za vlídné přijetí mé sestry vyslovil svůj osobní a nejsrdečnější dík. Jsem vděčen Vám za Váš laskavý náhled, jímž povídku mého posledního roku, zevně snad poněkud podivnou, uvnitř však příliš pravdivou, posuzujete.

Srdečně Vám oddaný'

To by byly ty dva překlady, nejsou velké, že? (zato ovšem ten předešlý dal asi strašnou práci. Co mám ale já chudák — to platí stejně mně jako Pepovi — teď dělat, když už jsem jednou pustil do světa lež o své skvělé češtině, lež, které pravděpodobně nikdo nevěří), a protože nejsou velké, mohl bych je mít brzo?"

Oba dopisy v českém znění, které Kafka odeslal 8. 1. 1924, jsou otištěny u L, 81, dopis řediteli Odstrčilovi německy v neautentickém znění, jako zpětný překlad z češtiny, u HE, 649 a v FKAS, 321—322. Mezi německým zněním, uvedeným v dopise Ottle, a českým zněním, otištěným Loužilem, jsou menší odchylky: V dopise ředitelství je české znění širší, u jmen rodičů je doplněna jejich adresa a přidána závěrečná věta s drobnou necitlivostí ve slovesném vidu: „Potvrzení o žití, úřadem ověřené, pravidelně zašlu." České znění děkovného dopisu řediteli je pozměněno stylisticky, překladatel poněkud ubral na zdvořilosti, po významové stránce je beze změn.

6) Viz dopis č. 6, pozn. 4.

7) Jüdischer Frauenverein in Prag — Židovský ženský spolek v Praze (založený

roku 1912) byl jeden z pražských židovských spolků založených před první světovou válkou (viz např. BH I, 69). Posílal v době poválečné nouze do Německa balíčky s dárky pro chudé a sirotky. Někdy počátkem roku 1924 sděluje Kafka Brodovi, že poslal sestře Elli několik adres potřebných lidí. (Br, 473) Ve spisech Židovského ženského spolku, uložených v Archívu hl. města Prahy (fond Spolkový katastr, sign. XXII/216), však žádná zmínka o zasílání milodarů do Německa ani o činnosti Gabriele Hermannové ve Spolku není.

8) Podobný Kafkův výrok o jednom balíčku uvádí v životopisné monografii Brod: „Tak tu teď před námi ležel, ani trochu se z něho neusmívala tabulka čokolády, jablko nebo něco takového, jako by říkal: Žij teď ještě pár dní o krupici, rýži, mouce, čaji a kávě a pak umři, tak to musí být, víc dělat nemůžeme.“ (Bi, 176, Ži, 212—213)

9) Viz dopis č. 9, pozn. 7.

10) V italském Meranu v jižním Tyrolsku byl Kafka na léčebném pobytu od dubna do června 1920.

12[1]

Eben jetzt abend kam Euer lieber gemeinsamer Brief, ich werde ihn nächstens beantworten.

Liebste Eltern, nein, nun ist es wirklich zu viel, es ist nicht richtig, daß es nicht die „Welt" kostet, nun kostet es sie schon wirklich fast. Die letzte Sendung ist ja prachtvoll, so viel Gutes und Süßes und Saftiges und Kunstvolles und so schön ausgewählt und zusammengelegt, aber nun bitte ich auch um eine große Pause, um das alles in Frieden aufessen zu können und nicht durch das Ankommen neuer Pakete abgelenkt zu werden. Butter z. B. habe ich jetzt – wieder das fachmännische Gutachten – bis Ende des Monats. Wenn jetzt wieder ein Paket mit Butter angekündigt wird, so ist das eben zu viel, zu teuer, zu üppig, zu beschämend, natürlich werde ich alles „zurückzahlen" aber Ihr dürft es mir durch die Menge nicht zu schwierig machen. D. hat übrigens von der ganzen Sendung am meisten die „gute Fee" gefreut. – Es ist ja schlimm mit der Teuerung hier (die eine Schachtel war in einen Bogen eines alten „Prager Tagblatts" eingepackt mit einem Aufsatz „Die Not der Ausländer in Berlin", ja, so ist es, und die Nachricht über die Verbilligung der Stadtbahnfahrt war sogar irrtümlich, nur die über die Verbilligung des Spiritus stimmt, und wenn in Prag ein kg Butter 22 K kostet, so kostet es hier sicher als doppelt so viel) aber die Teuerung hat doch auch ihr Gutes, sie ist erzieherisch, man wird bescheidener (nicht hinsichtlich des Essens, das liegt nicht in meiner Macht, ich bekomme das

[...] hier mit Vorteil verkaufen könnte, bei der nächsten Sendung werden wir es [...]

[BERLÍN-STEGLITZ, MEZI 5.—8. LEDNEM 1924][1)]

Nejmilejší rodiče, ne, teď už je toho opravdu příliš mnoho, není správné, že to nestojí „svět", teď už to skutečně skoro tolik stojí. Poslední zásilka je zajisté skvělá, tolik dobrého a sladkého a šťavnatého a bankovek, a tak hezky vybraná a složená, ale teď taky prosím o velikou přestávku, abychom to všecko v klidu snědli a nebyli vytrhováni docházením nových balíků. Másla např. mám teď — znalecký úsudek — až do konce měsíce; jestliže je teď znovu ohlašován balík s máslem, tak je toho přespříliš, je to příliš drahé, příliš marnotratné, příliš zahanbující, přirozeně že všecko „splatím", ale nesmíte mi to tím množstvím příliš ztěžovat. D.[2)] ostatně z celé zásilky nejvíc potěšila ta „dobrá víla" — Se zdejší drahotou je to ovšem zlé (jedna krabice byla zabalena do jednoho archu starého „Prager Tagblattu" s článkem „Nouze cizinců v Berlíně", ano, je to tak, a zpráva o zlevnění jízd městskou drahou byla mylná,[3)] jen zpráva o zlevnění lihu je pravdivá, a stojí-li v Praze kg másla 22 K, tak zde stojí víc než dvakrát tolik), ale drahota má přece i dobrou stránku, vychovává, stáváme se skromnějšími (ne pokud jde o jídlo, to není v mé moci, dostávám to nej-

Dopis, 1 list 28,5×22 cm, obě strany popsány perem.

1) Nedatováno. Přibližné datum určeno podle obsahu („. . . . srdečný dík za překlady . . .", viz dopis č. 11, pozn. 1 a 5, a detailní zmínka o záměně Fini s Ottlou, svědčící zřejmě i o těsné časové návaznosti na dopis Ottle v O, 152, k jeho dataci viz dopis č. 11, pozn. 5).

2) D. — Dora Diamantová, družka posledních měsíců Kafkova života.

3) Viz dopis č. 11.

12²

Ärzte und Tierärzte, konnte es aber immerhin besser zu würdigen) und es gibt aus sonst noch gute Wirkungen, denen sich nur der widerspenstige Körper manchmal entgegenstellt. — Euere große Sylvesterfeier (den Punsch vermisse ich unter den Anwesenden) und der Tanz haben mich sehr gefreut, ich habe Sylvester auch mitgemacht, wenn auch nur vom Bett aus. Trotzdem ich nur zwischen Gärten wohne, das städtische Steglitz ziemlich entfernt ist und Berlin erst recht, war doch der Lärm bei offenem Fenster stundenlang ungeheuerlich ohne Rücksicht auf den Frost, der Himmel voll Raketen, im ganzen großen Umkreis Musik und Geschrei. — Was das Fieber betrifft, so ist das schon eine alte Sache und war unglaublich schnell, schon den zweiten Tag vorüber. Verkühlung war es wohl nicht, nach der Art seines Auftretens zu schließen. Nun, es ist vorüber. Auch ist die Kälte in der Wohnung nicht so schlimm, wie Ihr zu glauben scheint, ich sitze bei der Centralheizung und dort ist es recht gut. Die Abgabe des einen Zimmers war nur ein Plan, von dem man inzwischen schon abgekommen ist. (Übrigens bin ich auch jetzt nicht ohne Nachbar, zwischen dem Wohnzimmer und dem Schlafzimmer ist das Schlafzimmer der Hausfrau, so daß ich in jedem Zimmer ihre Nachbarschaft habe und allerdings sie auch die meine.) Ich werde nichts abgeben, sondern wahrscheinlich ausziehn, die Hausfrau kommt nicht aus und sie wird deshalb auch ihr Schlafzimmer

Übrigens fällt mir ein, ob man nicht ein wenig Butter [illegible] es auch immer mir

lepší a nejdražší, učím se však přece víc si ho vážit) a jsou i jiné další dobré účinky, jimž se jen vzpurné tělo někdy brání. — Vaše velké slavení silvestra (mezi přítomnými postrádám strýce)[4] a tanec mě velmi potěšily, já jsem taky slavil silvestra, i když pouze na posteli. Ačkoliv bydlím jen mezi zahradami, městská část Steglitzu je dosti daleko a Berlín teprve, přece byl při otevřeném okně rámus po několik hodin příšerný nehledě na mráz, obloha samá raketa, široko daleko kolem hudba a povyk. — Co se týká horečky, je to už stará věc a neuvěřitelně rychle už druhý den přešla. Nachlazení to asi nebylo, soudě podle toho, jak probíhala. Nu, už je pryč. Ani zima v bytě není tak zlá, jak se zřejmě domníváte, sedím při ústředním topení a tam je velice dobře. Pronajmutí jedné místnosti byl jenom plán, od něhož se už mezitím upustilo.[5] (Ostatně ani teď nejsem bez souseda, mezi obývacím pokojem a ložnicí je ložnice paní domácí, takže ji mám jako souseda v každém pokoji a ovšem ona mne.) Nic nepronajmu, nýbrž pravděpodobně se odstěhuji, paní domácí nevychází s penězi a pronajme proto i svoji ložnici, tj. celé po-

4) Viz dopis č. 9, pozn. 7.
5) Viz dopis č. 4.

12³

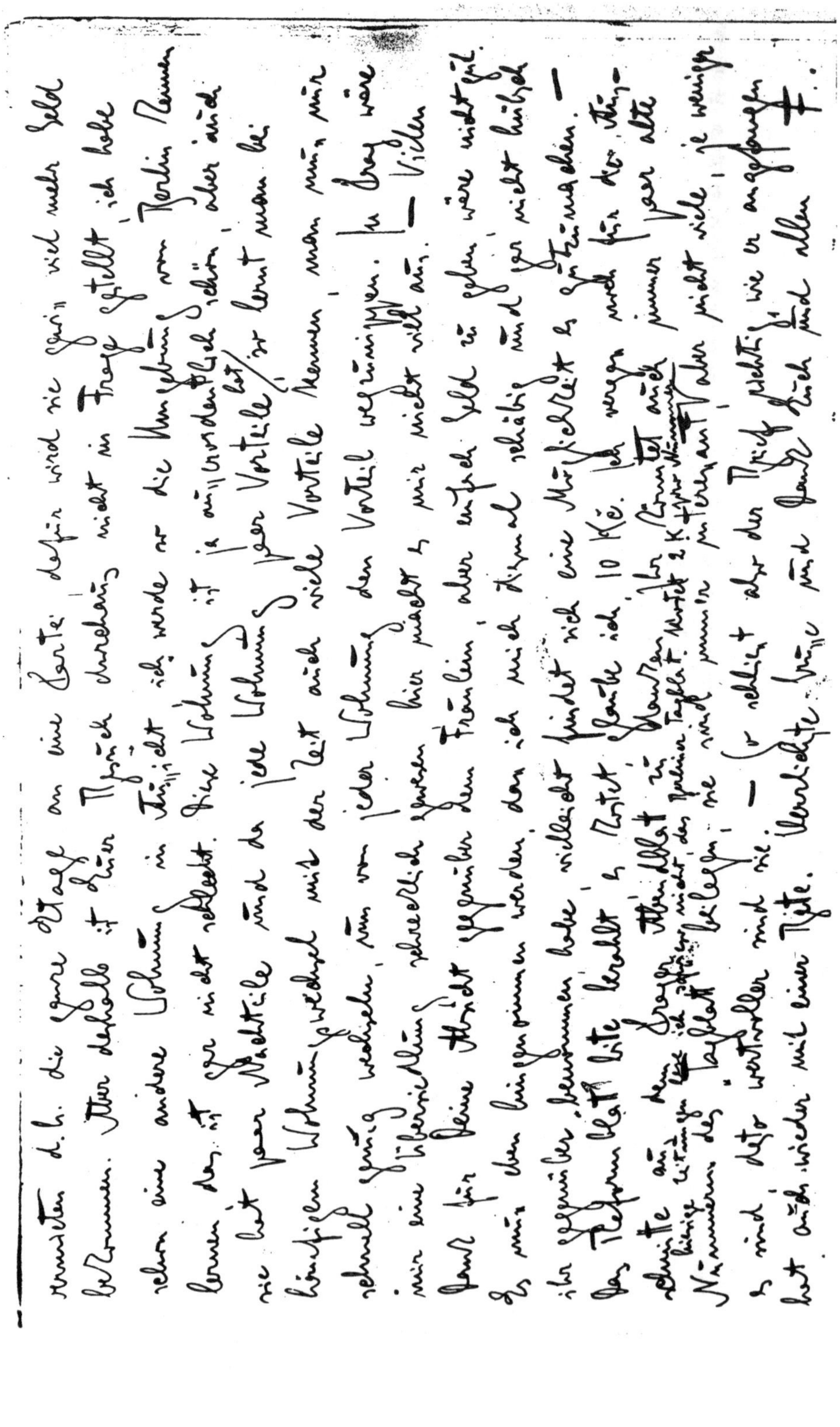

vermieten d.h. die ganze Etage an eine Partei, dafür wird sie gewiß viel mehr Geld bekommen. Aber deshalb ist Euer Anspruch durchaus nicht in Frage gestellt, ich habe schon eine andere Wohnung in Aussicht, ich werde so die Umgebung von Berlin kennen lernen, das ist gar nicht schlecht. Diese Wohnung ist ja außerordentlich schön, aber auch sie hat paar Nachteile und da jede Wohnung paar Vorteile hat, so lernt man bei häufigem Wohnungswechsel mit der Zeit auch viele Vorteile kennen, man muß nur schnell genug wechseln, um von jeder Wohnung den Vorteil wegzunippen. In Prag wäre mir eine Übersiedlung schrecklich gewesen, hier macht es mir nicht viel aus. — Vielen Dank für Deine Absicht gegenüber dem Fräulein, aber einfach Geld zu geben wäre nicht gut. Es muß eben hingenommen werden, daß ich mich diesmal schäbig und gar nicht hübsch ihr gegenüber benommen habe, vielleicht findet sich eine Möglichkeit es gutzumachen. — Das Reformblatt bitte bezahlt, es kostet glaube ich 10 Kč. Ich vergaß noch für die Ausschnitte aus dem Prager Abendblatt zu danken. Ihr könntet auch immer paar alte Nummern des Tagblatt beilegen (hiesige Zeitungen lese ich sozusagen nicht, das Berliner Tagblatt kostet 2 K jede Nummer), sie sind immer interessant, aber nicht viele, je weniger es sind, desto wertvoller sind sie. — So schließt also der Brief richtig, wie er angefangen hat, auch wieder mit einer Bitte. Herzlichste Grüße und Dank Euch und allen F.

schodí, jedné rodině, dostane za to určitě mnohem víc peněz. Ale Vaše návštěva tím není nikterak uvedena v pochybnost,[6] mám už vyhlédnutý jiný byt, poznám tak okolí Berlína, to vůbec není špatné. Byt je to neobyčejně krásný, ale i on má několik nevýhod, a protože každý byt má několik předností, tak člověk při časté změně bytu časem pozná i mnoho předností, musí jen měnit dost rychle, aby ochutnal výhodu každého bytu. V Praze by pro mne stěhování bylo strašné, tady mi příliš nevadí. — Srdečný dík za Tvůj úmysl se slečnou,[7] ale dát jednoduše peníze by nebylo dobré. Musí se totiž přiznat, že jsem se k ní tentokrát zachoval uboze a vůbec ne hezky, snad se najde možnost, jak to napravit. Reformblatt[8] prosím zaplaťte, stojí, myslím, 10 Kčs. Zapomněl jsem ještě poděkovat za výstřižky z Prager Abendblattu. Mohli byste vždy přiložit i několik starých čísel „Tagblattu", jsou vždy zajímavá — zdejší noviny tak jako tak nečtu, Berliner Tagblatt stojí 2 K číslo —, ale ne mnoho, čím méně jich je, tím jsou cennější. — Tak tedy dopis správně končí, jak začal, také zas prosbou. Co nejsrdečněji zdraví a Vám i všem děkuje F.

Ostatně mě napadá, jestli by se trochu másla, i kdyby to bylo vždy jen několik kg, tady výhodně neprodalo, u příští zásilky se o to pokusíme.

6) K návštěvě rodičů v Berlíně nedošlo (viz dopis č. 3, pozn. 8).
7) Viz dopis č. 3, pozn. 10.
8) Míněn Reformblatt für Gesundheitspflege. Organ des Vereines für Naturheilkunde in Warnsdorf. Vycházel od r. 1897. Kafka poznal r. 1911 varnsdorfského továrníka Morize Schnitzera, „apoštola přírodní léčby", nadchl se jeho léčebnou metodou a objednal si časopis Reformblatt, který Schnitzer vydával. (Bi, 97; Ži, 116) Posílal jej i své sestře (O, 72) a Robertu Klopstockovi (Br, 367).

12[4]

Liebe Ottla, vielen Dank für die Übersetzungen, sie sind fast so gut wie die Marmelade, was für ein geschicktes Ehepaar und wie geschickt auch ich, der ich von jedem alles brauchen kann. Der Vergleich mit dem alten Zimmerherrn berührt mich merkwürdig, erstens verdankt Ihr den Zimmerherrn mir, so daß eigentlich ich dem Ehepaar den Spitznamen — (Meinen Dank, ich kann Dank nicht vertragen) und zweitens habe ich vor zwei Jahren der Věra ein Bilderbuch für 20 K gekauft. Nun also! — Der Butterpreis ist von hier aus gesehen, ungeheuerlich, hier kostet ein Pfund gewiß nicht so gute Butter 2 M 70; wenn man nicht imstande ist, das eigentlich Junge aus Berlin zu saugen oder wenn man nicht die Hoffnung hat es vielleicht einmal annähernd zu können, müßte man eigentlich sofort wegfahren. — Ich vergaß noch der Mutter zu sagen: Seife ist hier billig genug, bitte keine schicken, die Arbeit ist so teuer und bildet den Preis und die Hausfrau gibt die Waschküche nicht her und auf Kerzenstümpfen kann man nicht waschen, aber vielleicht wird die Wäsche doch ein wenig billiger werden, ich schrieb wegen der Wäschesendung nur im ersten Schrecken angesichts der Preise, es wird schon gehn. — Ihr müßt ja bei diesen Preisen sehr gut auskommen noch immer Begeisterung? Herzliche Grüße. Letzthin war Dr. Karmelin und Frau bei mir, sie hat mir freundlich von Věra erzählt merkwürdiger Weise hat auch sie im Anblick der Photographie gestockt und ein wenig Mut gehabt, die Frau für sich zu halten. Übrigens bekam sie einen Napfkuchen serviert von dem [illegible]

sie ihrer Meinung zurück auf, was sie damit entschuldigte, daß es eben Prager

Kuchen sei, [illegible] Kuchen.

Milá Ottlo, srdečný dík za překlady,[9] jsou skoro tak dobré jako ta marmeláda, jací šikovní manželé a jak šikovný jsem i já, kterému se od každého všecko hodí. Srovnání s novým nájemníkem[10] se mě zvláštním způsobem dotýká, za prvé za toho nájemníka vděčíte mně, takže jsem Pepovi[11] sportovní oblek koupil vlastně já — (neděkujte, já díky nesnáším), a za druhé před dvěma roky Věře[12] obrázkovou knihu za 20 K. No tak! — Cena másla je při pohledu odsud strašná, tady stojí libra určitě ne tak dobrého másla 2 M 70; není-li člověk s to, vysát z Berlína, co je v něm vlastně sladkého, a nemá-li naději, že to snad někdy přibližně dokáže, musel by vlastně v tu chvíli odjet. — Zapomněl jsem ještě matce říci: mýdlo je zde dost laciné, žádné prosím neposílejte, práce je velmi drahá a tvoří cenu a paní domácí prádelnu nepůjčí a na nedopalcích svíček[13] se prát nedá, ale snad bude praní přece trochu levnější, psal jsem o zasílání prádla jen v prvním úleku z cen, však to nějak půjde. — Vy byste při těchto cenách moc dobře pochodili, pořád ještě trampoty? Srdečně zdravím. Nedávno u mne byl dr. Kaznelson se ženou,[14] vyprávěla mi hezky o Věře, kupodivu i ona se při pohledu na fotografie zarazila a trochu se jí zachtělo považovat Fini za Tebe.[15] Ostatně nabídli jsme jí bábovku, které podle svého mínění snědla příliš mnoho, což omlouvala tím, že je to právě pražská bábovka, ale mylně, byla to bábovka berlínsko-polsko-ruská.

O Klopstockovi[16] nemáš žádné zprávy? Je asi v Budapešti. Zrovna teď večer došel Váš společný milý dopis, odpovím na něj příště.

9) Viz dopis č. 11, pozn. 5.

10) Míněn strýc Siegfried, viz dopis č. 9, pozn. 7.

11) Josef David (viz dopis č. 6, pozn. 4) velice holdoval sportu; Siegfried Löwy mu zřejmě daroval sportovní oblek (a předtím Věře obrázkovou knihu).

12) Viz dopis č. 1, pozn. 3.

13) O nedopalcích svíček se počátkem ledna 1924 zmiňuje ještě jednou: „Vařit je tak snadné, kolem Silvestra nebyl líh, přesto jsem se při jídle málem opařil, bylo ohřáté na nedopalcích svíček.“ (O, 153—154)

14) Dr. Siegmund Kaznelson (1892—1959), v letech 1913—1918 vydavatel týdeníku Selbstwehr; jeho žena Lise, viz dopis č. 9, pozn. 8.

15) Tomuto místu předchází místo v dopise Ottle (O, 152): „A co se týče Fini, udělala D. při prvním letmém pohlédnutí správnou poznámku, že jsi sotva k poznání.“ Fini byla služebná v rodině Ottly Davidové, „slečna k dětem“.

16) Robert Klopstock (1899—1972), student medicíny, později lékař, s nímž se Kafka seznámil za léčebného pobytu v Tatrách, Kafkův přítel a opatrovatel v dobách zhoršující se nemoci.

131

Liebste Eltern nur paar Zeilen in Eile. Max, der mich telephonisch angerufen hat, wird nachmittag zu mir kommen und den Brief wohl mitnehmen. Freilich wozu jetzt noch an Porto sparen, da ich ja in Überfülle von Geld plätschere und nicht weiß, ob ich mich darüber freuen oder trostlos sein soll darüber, daß ich die Pension genau genommen schon für April von Euch beziehe, daß ich à-conto-Zahlungen auf nicht bestehende Schulden angenommen habe und jetzt auch noch die ganze nicht bestehende Schuld eintreiben will, daß ich ferner von Ottla 100 K bekomme, ich weiß nicht wofür (vielleicht weil ich vom Telephon geschrieben habe, aber das Telephongespräch war das allergeringste in der Rechnung, ein ganz unbedeutender Betrag) und daß ich schließlich von Elli stillschweigend 500 K bekomme, das Geschenk ja trotzdem auffange, aber doch gern wüßte, was es bedeutet und gar nicht nachfragen will, weil ich mich vor Karl schäme, der hier unschuldig in eine solche Geldausgabe gezogen wird und weil ich mit dem Ganzen doch, nachdem ich Vallis Mitgift angebissen habe, jetzt auch noch nach der von Gerti die Fänge ausstrecke.

Aber jetzt von anderem: Das Paket ist heute angekommen, schön und reich. Ohne Rücksicht auf Tageszeit

[BERLÍN-STEGLITZ, KONEC LEDNA 1924][1)]

Nejmilejší rodiče, ve spěchu jen pár řádek, Max,[2)] který mi telefonoval, ke mně odpoledne přijde a dopis asi vezme s sebou. Přirozeně nač teď ještě šetřit na poštovném, když se přece brodím v nadbytku peněz a nevím, jestli z toho mám mít radost, nebo být zoufalý, že od Vás dostávám penzi přesně vzato už za duben, že jsem přijal placení à conto na neexistující dluhy a teď mám inkasovat i celý neexistující dluh, že dále od Ottly dostávám 100 K, nevím za co (snad že jsem psal o telefonu, ale její telefonní hovor byl tou nejmenší položkou v účtu, zcela nepatrný obnos), a že konečně od Elli beze slova dostanu 500 K, přesto po tom dárku[3)] chňapnu, ale přece bych rád věděl, co to znamená, a vůbec se nechci vyptávat, jelikož se stydím před Karlem,[4)] který je tu nevinně zatahován do takových peněžních výdajů, a protože přece tím vším, když už jsem nakousl Věřino věno, teď natahuji spáry ještě i po věnu Gerti.[5)]

Ale teď o něčem jiném: Dnes došel balík, krásný a bohatý. Bez ohledu na denní dobu a nasyce-

Dopis, 1 dvojlist 22× 14,2 cm, popsány 3 strany perem.

1) Nedatováno. Přibližné datum určeno podle obsahu („Já ale teď musím ještě trochu na slunce a přitom se rozloučit se Steglitzem.“) Dne 28. 1. 1924 Kafka sděluje Felixi Weltschovi a na nedatované dopisnici Lise Kaznelsonové (Br, 476), že od 1. února má novou adresu: „Berlín-Zehlendorf, Heidestrasse 25—26, u paní dr. Busseové“. Viz i poznámku č. 11.

2) Jde pravděpodobně o návštěvu Maxe Broda, o níž se zmiňuje v životopise. (Bi, 177; Ži 214) Po návratu do Prahy upozornil Brod zřejmě strýce Siegfrieda na vážnost Kafkova zdravotního stavu (viz dopis č. 16, pozn. 2).

3) Za slovem trotzdem *(přesto) škrtnuto* sehr gern *(velice rád).*

4) Karl Hermann, manžel Elli, viz dopis č. 1, pozn. 14.

5) Věra, Gerti — viz dopis č. 1, pozn. 3 a 22.

13²

und Sättigung habe ich mich daran gemacht. Die Äpfel scheinen diesmal unverletzt, nicht ganz so die Eier, die Äpfel lagen wohl zu schwer auf ihnen. [redacted]

Vielen Dank für die sich nähernde Wollweste, ist das aber nicht allzuviel Arbeit, stört es nicht beim Kartenspiel, im Nach-dem-Tisch-liegen, im Zeitungs-Lesen, im Mit-der-Vera-spielen und allen Deinen 1000 Beschäftigungen, die ich durch meine Paketbedürfnisse um weitere 1000 vermehrt habe.

Die Anstalt verlangte jeden Monat von mir eine Bestätigung ~~von~~ der Polizei, daß ich da bin, ich habe ihnen geschrieben daß ich sie jeden Monat schicken werde. Aber vielleicht ist diese Forderung doch nur formal, denn im Jänner haben sie, wie Du schreibst, das Geld doch geschickt ohne daß ich die Bestätigung beigebracht habe. Vielleicht tun sie es im Feber wieder, schreib mir bitte darüber; tun sie es nicht, schicke ich dann die Bestätigung.

Du klagst über Materialmangel fürs Schreiben, soll ich Dir in Eile nur ganz oberflächlich, wie es mir im Augenblick einfällt, nachhelfen? Also wenn Du einmal nichts zu schreiben weißt, dann schreibe – und es wird immer äußerst interessant für mich sein: Was Ihr an dem Tag zu Mittag und zu Abend gegessen habt, was Du vormittag gegessen

nost jsem se do něho pustil. Jablka se tentokrát nezdají potlučená, vejce už tak docela ne, jablka, ležící na nich, byla asi příliš těžká.[6]

Srdečný dík za vlněnou vestu,[7] která je na cestě, není to ale příliš mnoho práce, neruší to při kartách, v odpočinku po jídle, v četbě novin, ve hře s Věrou a ve všech Tvých 1 000 zaměstnáních, která jsem o dalších 1 000 rozmnožil svými žádostmi, aby se mi posílaly balíky.

Ústav ode mne každý měsíc požadoval potvrzení od policie, že jsem zde, napsal jsem jim, že je budu každý měsíc posílat. Ale možná že je tento požadavek přece jen formální,[8] vždyť v lednu, jak jsi psala, peníze poslali, aniž jsem doložil potvrzení. Možná, že to v únoru udělají znovu, napiš mi o tom, prosím; jestli to neudělají, potvrzení pak pošlu.

Stěžuješ si, že ti chybí látka k psaní, mám Ti ve spěchu jen docela zběžně pomoci, jak mě to v tuto chvíli napadá? Tak když někdy nevíš, o čem psát, tedy piš — a bude to pro mě vždy nanejvýš zajímavé: co jste ten den měli k obědu a k večeři, co jsi jedla do-

6) Následuje 27 slov, která byla jednotlivě přeškrtána, až na výjimky k nečitelnosti.

7) Viz dopisy č. 14, 18 a 19.

8) Viz dopis č. 11, pozn. 4. Dne 18. ledna 1924 připomíná představenstvo Dělnické úrazové pojišťovny rodičům Franze Kafky formality nutné pro poukazování jeho penze (viz koncept přípisu z 18. 1. 1924 v LA PNP, FK, č. kart. 2, připojený ke Kafkově žádosti z 20. 12. 1923 pod čj. 1152/1923).

13[3]

hast, was der Vater gemacht hat, vormittag, nachmittag,
ob er auf mich gezankt hat (hat er nicht gezankt,
dann den Grund angeben, hat er gezankt, dann
kenne ich den Grund), warum und welche Kinder
bei Euch waren, was Elli Valli Ottla erzählt
hat, was das Frl. macht, der Onkel, was Du
liest, was der Vater liest u.s.w. Nun, da hast
Du schon einen riesigen Brief für jeden Tag. Ich
aber muss jetzt noch ein wenig an die Sonne und
dabei von Steglitz Absched nehmen

Herzlichste Grüße Euch und allen

F

Aber vielleicht gehören die 500 K gar nicht mir, vielleicht
ist es ein Missverständnis, es wäre ja auch zu wunderbar,
warum sagt nicht Elli ein Wort davon.

poledne, co dělal otec, dopoledne, odpoledne, jestli na mě huboval (když nehuboval, tak udat důvod, když huboval, tak důvod znám), kdy a které děti u Vás byly, co říkala Elli Valli Ottla, co dělá sl.,[9] strýc,[10] co čteš, co čte otec atd. Nu a už máš dlouhatánský dopis pro každý den. Já ale teď musím ještě trochu na slunce a přitom se rozloučit se Steglitzem.[11]

Co nejsrdečněji Vás a všechny zdraví

F

Ale možná že těch 500 K vůbec nepatří mně, možná že je to nějaké nedorozumění, bylo by to taky moc zvláštní, proč k tomu Elli ani slovo nepíše.

9) Viz dopis č. 3, pozn. 10.

10) Viz dopis č. 9, pozn. 7.

11) Stěhování ze Steglitzu nebylo dobrovolné. V dopise, jejž Max Brod datuje do poloviny ledna 1924, Kafka Brodovi sděluje: „. . . . vyhánějí nás z našeho překrásného bytu 1. února jako chudé, placení neschopné cizince.“ (Br, 472) Dne 26. 1. 1924 píše Robertu Klopstockovi: „V tuto chvíli máme starosti s bydlením, bytů je nadbytek, ale ty nádherné nás nedostupně míjejí a zbytek je pochybný“ (Br, 474) a Felixi Weltschovi 28. 1. 1924: „Dělám možná nedobře . . . že se stěhuji do domu mrtvého spisovatele, dr. Carla Busseho (zemřel 1918), který by si mě zaživa jistě přinejmenším ošklivil . . . Přesto to udělám, svět je na všech stranách plný nebezpečí, ať tentokrát vystoupí z temnoty neznámých nebezpečí ještě tohle zvláštní. Ostatně i v takovém případě kupodivu vzniká jistý pocit domova, který dělá dům přitažlivým. Přitažlivým ovšem jen proto, že jsem ve svém dosavadním krásném bytě jako chudý, placení neschopný cizinec dostal výpověď.“ (Br, 475)

14 1

Liebste Eltern ist das ein grosser, inhaltsreicher, geld-
überfliessender Brief. Wie gut Ihr alle zu mir seid
zu diesem nichtstuerischen, sich-pflegen-lassenden und
dabei noch nicht einmal dickwerdenden Menschen. —
Lange habe ich gerade jetzt aus dem Fenster geschaut
in die Gärten und zum Wald hin, um dort irgendei-
nen klugen Rat dafür zu finden, wie ich mich zu
dem gegenwärtigen Angebot des Onkels verhalten soll. Am
besten wäre wohl das Geld mit einem stillen Vergelts-
gott einzustecken aber das kann ich leider nicht,
einstecken werde ichs wohl, fürchte ich aber immer
irgendeinen Krawall dabei machen. Eine besonders
für die andern unglückliche Anlage. Nun jedenfalls
danke ich dem Onkel vielmals, übrigens vielleicht
wird es hier jetzt doch ein wenig besser werden, auch
hatte ich noch keinen Monat ohne ausserordentliche
Ausgaben (was allerdings wahrscheinlich niemand hat und
was es gar nicht gibt) vielleicht lassen sich die
Ausgaben doch ein wenig einschränken, wenn Ihr
herkommen solltet, werdet Ihr ja sehn wie üppig
ich lebe. Dem Onkel werde ich noch schreiben, auch
Elli, von der ich heute einen langen lieben Brief
bekommen habe.
Seit Samstag sind wir in der neuen Wohnung. Auch

Ehe ich die Lebensbestätigung von der Behörde habe, warte ich noch auf Eure Nachricht, ob das Geld von der Anstalt gekommen ist.

[BERLÍN-ZEHLENDORF, MEZI 3.—7. ÚNOREM 1924][1)]

Nejmilejší rodiče, je to ale velký, obsažný, penězi překypující dopis. Jak jste všichni ke mně hodní, k lenošivému člověku, který o sebe nechává pečovat a přitom ještě ani netloustne. — Dlouho jsem právě teď hleděl z okna do zahrad a k lesu, abych tam nalezl nějakou moudrou radu, jak se mám zachovat k strýcově[2)] velkolepé nabídce. Nejlepší by asi bylo strčit peníze s tichým Zaplať Pánbůh do kapsy, ale to bohužel nedokážu, do kapsy je, obávám se, asi strčím, ale budu přitom stále dělat nějaký rámus. Nadání nešťastné zvlášť pro ty druhé. Nu rozhodně strýci mnohokrát děkuji, ostatně snad se to zde teď přece trochu zlepší, také jsem dosud neměl žádný měsíc bez mimořádných výdajů (což ovšem nemá pravděpodobně nikdo a což vůbec neexistuje), snad se výdaje přece dají trochu omezit; kdybyste sem přijeli, sami uvidíte, v jaké hojnosti žiju. Strýci ještě napíšu. Také Elli, od které jsem dnes obdržel dlouhý milý dopis.

Od soboty jsme v novém bytě.

Dopis, 1 dvojlist 22× 14,2 cm, popsány 4 strany perem

1) Nedatováno. Přibližná datace určena z obsahu („Od soboty jsme v novém bytě."). Kafka se přestěhoval v pátek odpoledne 1. února 1924 (viz dopis č. 13, pozn. 1), dopis byl tedy napsán v následujícím týdnu.

2) Viz dopis č. 9, pozn. 7.

14²

der Schluß der Übersiedlung war ganz glatt, für mich wenigstens. Zum allerletzten Schluß gabs zwar noch eine Schwierigkeit, das Wetter war schlecht, Kot, Regen, Wind, verschiedener Kram war noch mit dem Wägelchen zur Bahn zu transportieren, (Dinge die ich im Stand nicht heben kann und die D. leicht zur Bahn bringt, dort die Treppen auf und ab trägt, ins Coupé schafft u.s.w.) und dann in Zehlendorf die Viertelstunde von der Bahn ins Haus, vor allem aber war ich in dieses Wetter zu transportieren und die Sachen waren schon in Zehlendorf – da kurz entschlossen, geldausgewattiert wie ich war ließ ich ein Auto kommen und im Flug in paar Minuten waren wir mit allem Gepäck in der neuen Wohnung, eine Zauberei allerdings für schöne sechs Mark.

In der neuen Wohnung wird es wohl recht gut werden am ersten Tag schien sie wohl etwas lauter als die frühere, endlos stille, aber es dürfte sich beruhigen. Manches ist besser; das in voller, allerdings jetzt vollständig abwesender Sonne liegende Hauptzimmer, die größere Freiheit die das Im-ersten-Stock-wohnen gibt, die noch ländlichere Umgebung als in Steglitz, die bessere Abgeschlossenheit gegenüber dem übrigen Haus die Ofenheizung. Ich glaube es wird Euch gefallen. Wenn Du und der Onkel kommen wolltet–

Meine Hausfrau heißt Frau Dr. Busse, heißt nicht unbedingt, nötig ihren Namen zu erwähnen, wenn also,

I závěr stěhování[3] byl zcela hladký, alespoň pro mne. Úplně nakonec se sice ještě vyskytla obtíž, počasí bylo špatné, bláto, déšť, vítr, bylo ještě potřeba na vozíku dopravit na dráhu všelijaké krámy (věci, které v tomhle stavu nezvednu a které D.[4] snadno odveze na dráhu, tam je nosí nahoru a dolů po schodech, dopraví do kupé atd.) a pak v Zehlendorfu čtvrthodina z dráhy do domu, ale hlavně museli odvézt mne do tohohle počasí, a galoše byly už v Zehlendorfu — tak jsem se rychle rozhodl, a jak jsem byl vycpán penězi, dal jsem zavolat auto a kvapem jsme za pár minut byli se všemi zavazadly v novém bytě, kouzlo, ovšem za pěkných šest marek.

V novém bytě to asi bude velice dobré, prvního dne se mi zdál možná trochu hlučnější než ten dřívější, nekonečně tichý, ale snad se to uklidní. Ledacos je lepší: hlavní pokoj vystavený přímému, ovšem teď vůbec nesvítícímu slunci, větší volnost, kterou skýtá bydlení v prvním poschodí, ještě venkovštější okolí než ve Steglitzu, větší oddělenost od zbývající části domu, vytápění kamny. Věřím, že se Vám bude líbit. Jestliže Ty a strýc chcete přijet[5] — teď je

3) Viz dopis č. 13, pozn. 1 a 11 a místo v dopise recitátoru Ludwigu Hardtovi, kde se Kafka omlouvá, že nebude moci přijít na jeho představení: „Nejen proto, že mě dnes odpoledne přestěhovali se všemi těmi krámy mohutné domácnosti, kterou vedu (přestěhování bylo ještě dost jednoduché díky pomoci laskavé doručitelky sl. R. F.), nýbrž hlavně proto, že jsem nemocný . . .“ (Br, 476)

4) Dora Diamantová.

5) Viz dopis č. 3, pozn. 8.

14[3]

dann die Kinder

jetzt ist allerdings noch zu früh im Jahr – wirst Du
jedenfalls hier wohnen können (und wohl von dieser
Hausfrau nicht so ausgenützt wie Ottla von der vorigen,
mit der wir übrigens in Liebe und Rührung aus-
einandergingen) ~~[struck through]~~ – ~~[struck through]~~ für den Enkel wird sich
gewiss auch eine brauchbare Möglichkeit finden und
essen werdet Ihr jedenfalls bei uns, beide, D. freut sich
schon ihre Künste zeigen zu können und die sind
wirklich gross. Freilich weiss ich nicht ob der Enkel
wird hier so weit von Berlin wohnen wollen, zur
Bahn ist es eine Viertelstunde weit und dann 1/2
Stunde Eisenbahnfahrt zum Potsdamer Platz.
Nach Charlottenburg und in diese Gegenden soll
bessere Verbindung sein, ich kenne sie noch nicht.

Sehr erfreulich ist mir dass die Prager Butter
sich auf 30–36 K stellt, erfreulich weil sich doch
schon eine ziemliche Ausgleichung der Preise darin
zeigt und man vielleicht bald mit den Butter-
sendungen wird aufhören können. Hier bekommt
man sie in unbegrenzten Mengen, gewöhnliche Molkerei-
butter für 2 M das Pfund (und auch darunter)
Teebutter für 2 M 10, 2 M 20. An Qualität steht
sie vielleicht der Prager Butter nach, ich weiss nicht,
wir hatten schon lange keine hiesige, aber entscheidend
gross dürfte der Unterschied doch nicht sein.
Die Kosten etwa 1 K 50

sice ještě příliš brzo na začátku roku — budeš tu rozhodně moci bydlet (a tahle paní domácí Tě asi nebude tak využívat jako Ottlu ta předešlá, s níž jsme se ostatně rozešli v lásce a s dojetím)[6] — pro strýce se jistě taky najde příhodná možnost a jíst budete oba v každém případě u nás, D. se už těší, že bude moci předvést svoje umění, a je opravdu veliké. Ovšem nevím, bude-li zde strýc chtít bydlet, tak daleko od Berlína, na dráhu je to čtvrthodina cesty a pak 1/2 hodiny železnicí na Postupimské náměstí. Do Charlottenburgu a do těch končin je prý spojení lepší, já je dosud neznám.

Je velice potěšitelné, že pražské máslo stojí 30—36 K, potěšitelné, jelikož se v tom přece již ukazuje značné přizpůsobení cen a že se snad brzo bude moci s posíláním másla přestat. Zde se dostane (v neomezeném množství) obyčejné mlékárenské máslo za 2 M libra (i za méně), čajové máslo za 2 M 10, 2 M 20. Kvalitou se možná nevyrovná pražskému máslu, nevím, už dlouho žádné zdejší nemáme, ale rozhodující ten rozdíl přece asi nebude. Vejce stojí kolem 1 K 50.

6) Následují dvě slova přeškrtaná k nečitelnosti.

7) V této době zhoršující se nemoci a ve svízelné finanční situaci hledal Kafka další místo pobytu. Jako jedna z možností připadaly zřejmě v úvahu Litoměřice, kde žila jeho teta, žena předčasně, už roku 1886 zemřelého Heinricha Kafky Karolina, která se znovu provdala za Sigmunda Kohna. Kafka ji měl velmi rád a navštěvoval ji, např. když

14[4]

Mit dem Brief an Leitmeritz ist nicht viel anzufangen, man erfährt nur daß es der Tante nicht sehr gut geht, daß sie Sorgen hat und wenig Zeit sich mit so abseitigen und fragwürdigen Dingen wie meiner Übersiedlung zu befassen. Vielleicht aber war auch die Fragestellung nicht genau. Wir brauchen keine Wohnung mit Küchenbenützung, vollständig ausreichend und höchstzufriedenstellend wären zwei oder besser 3 möblierte möglichst abgeschlossene Zimmer mit elektr. Licht, weder Küche noch Küchenbenützung wäre nötig. Warum sollten solche 3 Zimmer dort nicht zu haben sein? Es wohnen dort doch genug Pensionäre in hübschen Villen, mit der Zeit verschwindet einer, wie es das Schicksal der Pensionäre ist und ein neuer Pensionär kann einziehn. Skalitz 1½ von Leitmeritz entfernt wäre freilich zu weit. Auch scheint die Tante nichts über meine Wirtschaft zu wissen (für eine kleine Stadt ist auch das eine besprechenswerte Angelegenheit) und daß ich ihr gar keine Arbeit verursachen würde.

Bei Hardt warst Du also und der Hauptteil seines Publikums? Hier hatte er mehr Erfolg, ein großer Saal ausverkauft, D. war dort, Hardt hatte mir aus Prag telegraphiert, jemand von uns müßte hingehn.

Die Wollweste erwarte ich mit Freude, aber dringend ist sie gar nicht, ich habe ja eine Pelzweste, mach sie nur ganz ruhig jeden Tag drei Maschen. Und wenn das Fräulein paar Maschen als Gruß hineinwebt ist es mir auch sehr recht. Wie geht es dem Fräulein

Vielleicht [illegible] allen Dein

S tím dopisem z Litoměřic se mnoho nepořídí, dovídáme se jen, že se tetě[7] nevede příliš dobře, že má starosti a málo času zabývat se tak odlehlými a pochybnými věcmi, jako je mé přesídlení. Ale možná že ani dotaz nebyl přesný. My nepotřebujeme byt s možností používat kuchyně, naprosto dostačující a velice uspokojivé by byly dvě nebo lépe 3 zařízené, pokud možno od ostatních oddělené pokoje s elektr. světlem, ani kuchyň, ani užívání kuchyně by nebyly nutné. Proč by se tam nesehnaly takové 3 pokoje? Bydlí tam přece dost penzistů v hezkých vilách, časem některý zmizí, jak je osudem penzistů, a nový penzista se může nastěhovat. Skalice,[8] vzdálená $1^1/_2$ [km] od Litoměřic, by samozřejmě byla moc daleko. Teta také, zdá se, nic neví o mé domácnosti (na malé město je i to záležitost hodná posouzení) a že bych jí nepřidělal vůbec žádnou práci.

Byli jste tedy na Hardtovi,[9] a hlavní část jeho publika? Tady měl větší úspěch, velký sál byl vyprodaný. D. tam byla, Hardt mi z Prahy poslal telegram, někdo z nás tam jít musel.

Vlněnou vestu[10] očekávám s radostí, ale nutná vůbec není, mám přece vestu kožešinovou, jen si ji úplně klidně dělej, každý den tři oka. A když k tomu pár ok připlete slečna[11] jako pozdrav, bude mi to taky velice vhod. Jak se slečně daří? Co nejsrdečněji všechny pozdravuje

Váš F.

Dříve než si od policie opatřím potvrzení o žití, počkám ještě na Vaši zprávu, jestli z ústavu nepřišly peníze.[12] Moje paní domácí se jmenuje paní dr. Busseová, není bezpodmínečně nutné uvádět její jméno, ale když, tak dr. Busseová.

měl úřední jednání u tamějšího krajského soudu. (Další podrobnější údaje viz v článku Anthonyho D. Northeye: Kafkas Leitmeritzer Verwandte. Germanic Notes, 1975, s. 62—63.) O jedné takové návštěvě píše v dopise Felice Bauerové z 9./10. 12. 1912: „Nakonec se celá ta cesta scvrkla v návštěvu příbuzných — mám v Litoměřicích příbuzné, neboť jednání, při kterém jsem měl zastupovat ústav, bylo před 3 dny odloženo na neurčito, aniž o tom byl — následkem omylu soudní kanceláře — náš ústav vyrozuměn... Pak jsem konečně v 8 hodin ráno před obchodem svých příbuzných v Dlouhé ulici v Litoměřicích a v kontoáru, ještě z dětství mi známém, svého strýce (vlastně nevlastního strýce, jestli něco takového existuje), vychutnávám svěžest a nezaslouženou převahu vycházející z cestujícího, který přišel k někomu, kdo zrovna teprve vylezl z postele a marně se hledí v plstěných papučích zahřát v sotva otevřeném chladném krámě. Pak přišla teta (abych byl přesný, žena mého pravého strýce, zemřelého už před mnoha lety, která si po jeho smrti vzala obchodvedoucího, právě tohoto nevlastního strýce), nyní churavá, ale stále ještě velice živá, malá, baculatá, křičící, ruce si mnoucí, mně odjakživa příjemná osoba.“ (F, 170—171)

8) Skalice, ves 3 km na severovýchod od Litoměřic; na začátku století měla 43 domů a 241 obyvatel.

9) Ludwig Hardt (1886—1947), recitátor, jehož měl Kafka v oblibě („ve všem obdivuhodný, v mnohém velice roztomilý“ — Br, 360). Stýkal se s ním v Praze v říjnu 1921 (Br, 358—360) a daroval mu Hebelovu Pokladničku (BH I, 557). Počátkem února 1924 mu v Berlíně dvakrát psal, poté co od něho z Prahy dostal telegram: omlouvá se mu, že pro nemoc nemůže přijít na jeho berlínské představení, jehož se místo něho zúčastní Dora Diamantová, a zve ho k sobě do Zehlendorfu. (Br, 476—477) Hardt napsal na konci svého života v roce 1947 vzpomínku na Kafku.

10) Viz dopisy č. 13, 18 a 19.

11) Viz dopis č. 3, pozn. 10.

12) Viz dopis č. 13 a k němu pozn. 8.

15

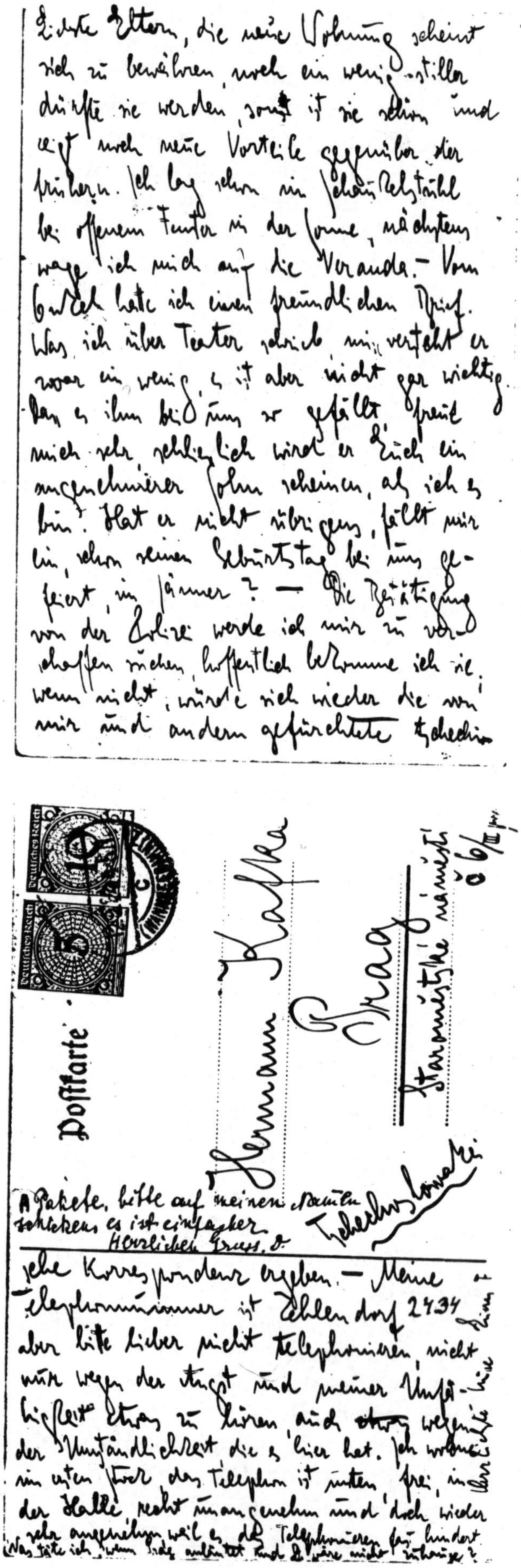

Liebste Eltern, die neue Wohnung scheint sich zu bewähren, noch ein wenig stiller dürfte sie werden, sonst ist sie schön und zeigt noch neue Vorteile gegenüber der früheren. Ich lag schon im schönen Liegestuhl bei offenem Fenster in der Sonne, nächstens wage ich mich auf die Veranda. – Vom Onkel hatte ich einen freundlichen Brief. Was ich über Teater schrieb, missversteht er zwar ein wenig, es ist aber nicht gar wichtig. Daß es ihm bei uns so gefällt, freut mich sehr, schließlich wird er Euch ein angenehmerer Sohn scheinen, als ich es bin. Hat er nicht übrigens, fällt mir ein, schon seinen Geburtstag bei uns gefeiert, im Jänner? – Die Bestätigung von der Polizei werde ich mir zu verschaffen suchen, hoffentlich bekomme ich sie, wenn nicht, würde sich wieder die von mir und andern gefürchtete tschechische

Postkarte

Herrmann Kafka
Prag
Staroměstské náměstí č. 6/III
Tschechoslowakei

Pakete bitte auf meinen Namen schicken, es ist einfacher.
Herzlichen Gruss. F.

Korrespondenz ergeben. – Meine Telephonnummer ist Zehlendorf 2434 aber bitte lieber nicht telephonieren, nicht nur wegen der Angst und meiner Unfähigkeit etwas zu hören, auch etwas wegen der Umständlichkeit die es hier hat. Ich wohne im ersten Stock, das Telephon ist unten frei in der Halle, recht unangenehm und doch wieder sehr angenehm, weil es das Telephonieren für [illegible] hindert. Was täte ich, wenn [illegible] anläutet und D. wäre nicht zuhause?

[illegible]

[BERLÍN-ZEHLENDORF, 12. ÚNORA 1924][1)]

Nejmilejší rodiče, nový byt se podle všeho osvědčuje, jen trochu tišší by měl být, jinak je krásný a má ještě další přednosti proti tomu dřívějšímu. Ležel jsem už v houpacím křesle na slunci u otevřeného okna, příště si troufnu na verandu.[2)] — Od strýce[3)] jsem dostal milý dopis. To, co jsem napsal o divadle, sice trochu špatně chápe, ale to není vůbec důležité. Velice mě těší, že se mu u nás tak líbí, konečně bude Vám připadat jako příjemnější syn, než jsem já. Ostatně napadá mě, neoslavil u nás už v lednu narozeniny? — Potvrzení od policie[4)] si budu hledět opatřit, doufejme, že je dostanu; kdyby ne, vyplynula by z toho zase česká korespondence, jíž se já i jiní obáváme. — Mé telefonní číslo je Zehlendorf 24 34, ale prosím raději netelefonovat, nejen kvůli strachu a mé neschopnosti něco uslyšet, i[5)] kvůli nepohodlí, které je zde s tím spojeno. Bydlím v prvním poschodí, telefon je dole, volně v hale, velice nepříjemně a přece zas velmi příjemně, protože skoro brání telefonování. Co bych dělal, kdyby zvonila Praha a D.[6)] nebyla doma?

Co nejsrdečněji zdraví Váš F

Balíky, prosím, posílejte na moje jméno, je to jednodušší.

Srdečně zdraví D.[7)]

Dopisnice 15,5×10,5 cm, obě strany popsány perem, včetně adresy: Hermann Kafka, Prag, Staroměstské náměstí č. 6/III posch., Tschechoslowakei. Frankatura 15.

1) Nedatováno. Datace určena podle poštovního razítka: 12. 2. 24.

2) O tom viz dopis Robertu Klopstockovi, jejž Brod datuje počátkem března 1924: „Jinak je zde přesto ale velice krásně, ležet na verandě a přihlížet, jak slunce pracuje na dvou úlohách co do obtížnosti tak různých: probudit mne a tu břízu vedle mne k přirozenému životu (bříza má, zdá se, náskok).“ (Br, 478)

3) Strýc Siegfried Löwy byl v té době na návštěvě u Kafkových rodičů v Praze (viz dopis č. 9, pozn. 7) a brzy nato přijel do Berlína, aby Franze přiměl k odjezdu na léčení do sanatoria. Viz následující dopisy č. 16—18.

4) Viz dopis č. 11, pozn. 4.

5) Následuje přeškrtnuté slovo etwas *(něco).*

6) Dora Diamantová.

7) Přípis Dory Diamantové.

16

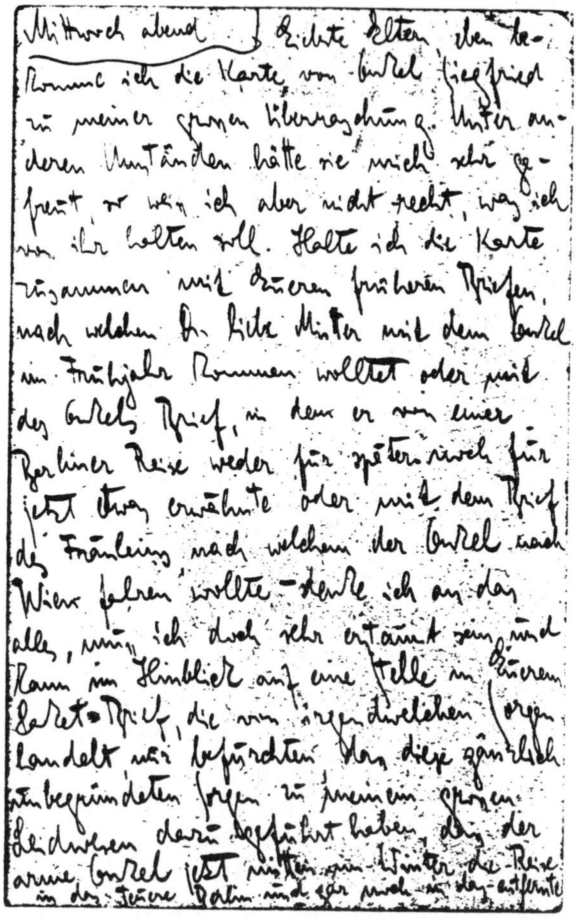

Mittwoch abend | Liebste Eltern eben bekomme ich die Karte von Onkel Siegfried zu meiner grossen Überraschung. Unter anderen Umständen hätte sie mich sehr gefreut, so weiss ich aber nicht recht, was ich von ihr halten soll. Halte ich die Karte zusammen mit Euren früheren Briefen, nach welchen Du liebe Mutter mit dem Onkel im Frühjahr kommen wolltet oder mit des Onkels Brief, in dem er von einer Berliner Reise weder für später noch für jetzt etwas erwähnte oder mit dem Brief des Fräuleins nach welchem der Onkel nach Wien fahren wollte – denke ich an das alles, muss ich doch sehr erstaunt sein und kann im Hinblick auf eine Stelle in Eurem Paket-Brief, die von irgendwelchen Sorgen handelt nur befürchten dass diese gänzlich unbegründeten Sorgen zu meinem grossen Leidwesen dazu geführt haben, dass der arme Onkel jetzt mitten im Winter die Reise in das teuere Berlin und gar noch in das entfernte

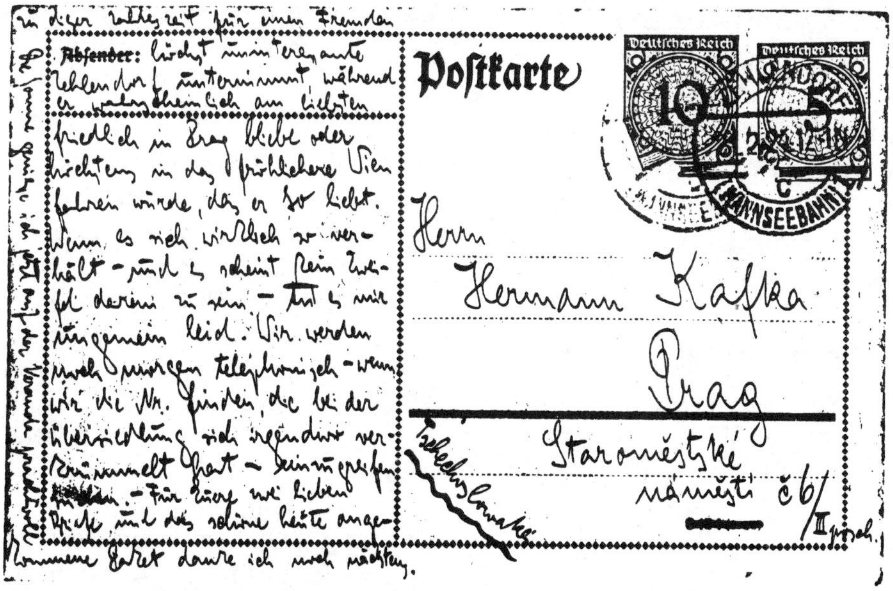

in dieser Winterzeit für einen Fremden leidlich uninteressante Zehlendorf unternimmt, während er wahrscheinlich am liebsten friedlich in Prag bliebe oder höchstens in das fröhlichere Wien fahren würde, das er so liebt. Wenn es sich wirklich so verhält – und es scheint kein Zweifel daran zu sein – tut es mir ungemein leid. Wir werden noch morgen telephonisch – wenn wir die Nr. finden, die bei der Übersiedlung sich irgendwie verkrümelt hat – ~~[illegible]~~ – Für Eure und lieben Briefe und das schöne heute angekommene Paket danke ich noch nächstens.

[illegible]

Absender:

Postkarte

Deutsches Reich 10 · Deutsches Reich 5

...NDORF (WANNSEEBAHN)

Herrn
Hermann Kafka
Prag
Staroměstské
náměstí č 6/ III posch.

[illegible]

[BERLÍN-ZEHLENDORF, 20. ÚNORA 1924][1)]

Středa večer / Nejmilejší rodiče, právě dostávám k svému velkému překvapení lístek od strýce Siegfrieda.[2)] Za jiných okolností by mě byl velice potěšil, ale takto vlastně nevím, co si o něm mám myslet. Srovnám-li lístek s Vašimi dřívějšími dopisy, podle nichž jste, milá matko, chtěli se strýcem na jaře přijet, nebo se strýcovým dopisem, v němž se slovem nezmiňoval o cestě do Berlína ani později, ani nyní, nebo s dopisem slečny,[3)] podle něhož chtěl strýc jet do Vídně — myslím-li na to všecko, musí mi to přece být velice divné a mohu se vzhledem k jednomu místu ve Vašem dopise z balíku, kde je řeč o jakýchsi starostech, pouze obávat, že tyto zcela neodůvodněné starosti k mému velkému zármutku vedly k tomu, že nebohý strýc teď uprostřed zimy podnikne cestu do drahého Berlína, a dokonce ještě do vzdáleného, v tomto čase pro cizince velice nezajímavého Zehlendorfu, zatímco by pravděpodobně nejraději zůstal klidně v Praze nebo si nanejvýš zajel do veselejší Vídně, kterou má tak rád. Má-li se tomu skutečně tak — a zdá se, že o tom není pochyb — je mi to nesmírně líto. Ještě se zítra telefonicky — najdeme-li č., které se při stěhování někam zatoulalo — pokusíme zasáhnout. — Za vaše dva milé dopisy a za krásný dnes došlý balík poděkuji ještě příště.
Nádherně teď na verandě užívám slunce.[4)]

Dopisnice 14×9 cm, obě strany popsány perem, včetně adresy: Herrn Hermann Kafka, Prag, Staroměstské náměstí č 6/III posch., Tschechoslowakei. *Frankatura 15.*

1) Nedatováno. Datace určena podle Kafkova uvedení dne v týdnu (Středa večer) *a podle poštovního razítka 20. 2. 1924.*

2) Protože se Kafkův zdravotní stav zhoršoval, znepokojená rodina a podle svého svědectví (Bi, 177; Ži, 214) Max Brod, navrátivší se z Berlína, „alarmovali“ Kafkova strýce Siegfrieda Löwyho, „který pak jel do Berlína a zjistil to nejhorší“. Kafka zde reaguje na strýcův lístek, v němž MUDr. Löwy ohlašoval svůj příjezd do Berlína. Viz též následující pohlednici, č. 17.

3) Viz dopis č. 3, pozn. 10.

4) Viz dopis č. 15 a k němu pozn. 2.

17

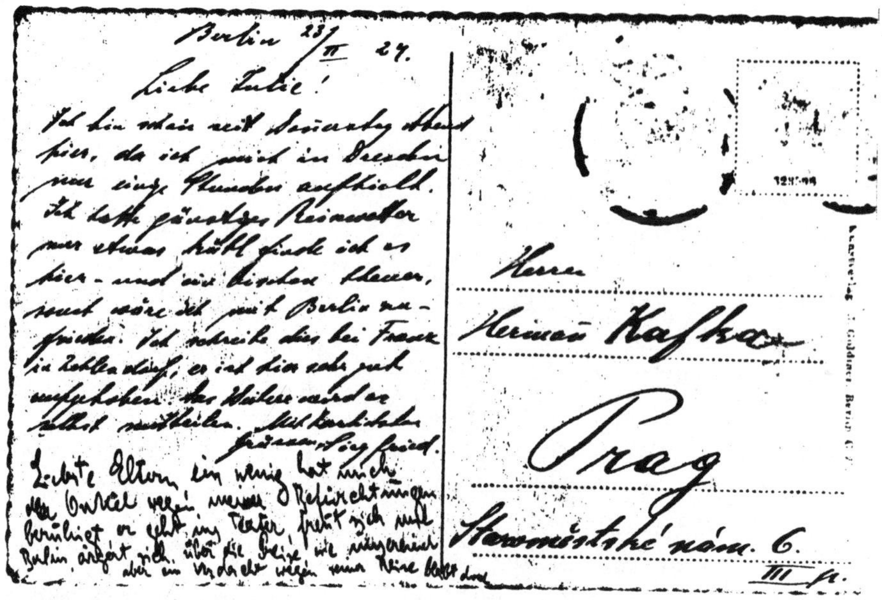

Berlin 23/II 24.

Liebe Julie!
Ich bin schon seit Samstag Abend hier, da ich mich in Dresden nur einige Stunden aufhielt. Ich hatte günstiges Reisewetter nur etwas kühl finde ich es hier – und ein bischen theuer, sonst wäre ich mit Berlin zufrieden. Ich schreibe dies bei Franz in Zehlendorf, es ist hier sehr gut aufgehoben. Das Weitere wird er selbst mittheilen. Mit herzlichsten Grüssen Siegfried.

Liebste Eltern ein wenig hat mich der Onkel wegen meiner Befürchtungen beruhigt er geht ins Teater, freut sich mit Berlin ärgert sich über die Preise [illegible] aber im Vergleich wegen seiner Reise [illegible]

Herrn
Hermann Kafka
Prag
Staroměstské nám. 6.
III St.

Berlin, Brandenburger Tor

Berlín 23/II 24

Milá Julie!

Jsem již od čtvrtka[1] večer zde, protože jsem se v Drážďanech zdržel jen několik hodin. Měl jsem na cestu příznivé počasí, jen mi to tu připadá poněkud zachmuřené — a trochu drahé, jinak bych byl s Berlínem spokojený. Tohle píšu u Franze v Zehlendorfu, je tu o něho velmi dobře postaráno. Ostatní sdělí sám.

S nejsrdečnějšími pozdravy

Siegfried

Nejmilejší rodiče, trochu mě strýc v mých obavách uklidnil, chodí do divadla, Berlín ho baví, zlobí se na ceny jako každý z nás, ale podezření ohledně jeho cesty přece trvá.

Pohlednice 13,5×9 cm se snímkem Brandenburské brány a s popisem: Berlin, Brandenburger Tor, *popsána jedna strana perem, včetně adresy psané rukou Siegfrieda Löwyho:* Herrn Hermann Kafka, Prag, Staroměstské nám. 6., III p. *Frankatura odlepena.*

1) Tj. dr. Siegfried Löwy byl v Berlíně od 21. února.

18

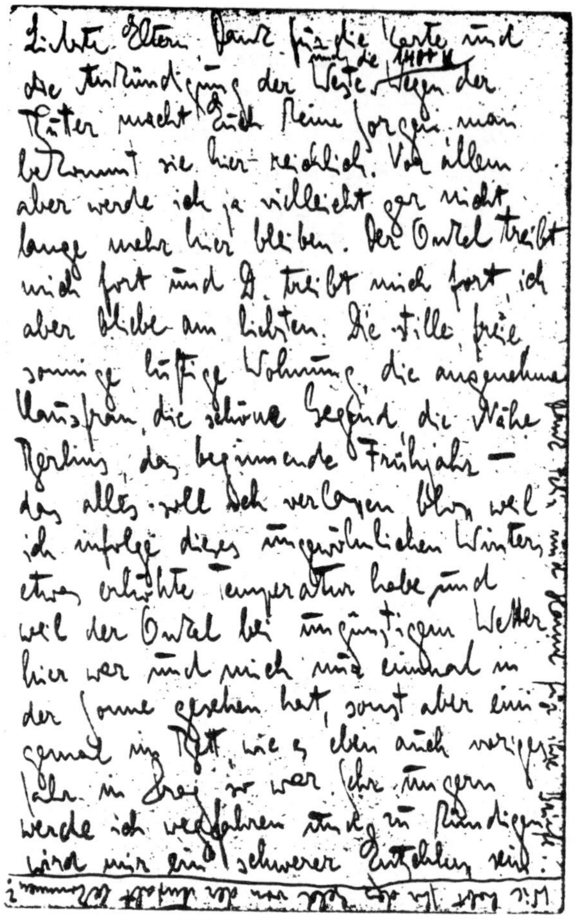
Liebste Eltern Dank für die Karte und die 1400 K und die Ankündigung der Weste. Wegen der Güter macht Euch keine Sorgen, man bekommt sie hier reichlich. Vor allem aber werde ich ja vielleicht gar nicht lange mehr hier bleiben. Der Onkel treibt mich fort und D. treibt mich fort, ich aber bleibe am liebsten. Die stille freie sonnige luftige Wohnung, die angenehme Hausfrau, die schöne Gegend, die Nähe Berlins, das beginnende Frühjahr — das alles soll ich verlassen, bloß weil ich infolge dieses ungewöhnlichen Winters etwas erhöhte Temperatur habe und weil der Onkel bei ungünstigem Wetter hier war und mich nur einmal in der Sonne gesehen hat, sonst aber einigemal im Bett, wie es eben auch voriges Jahr in Prag so war. Sehr ungern werde ich wegfahren und es zu kündigen wird mir ein schwerer Entschluss sein.

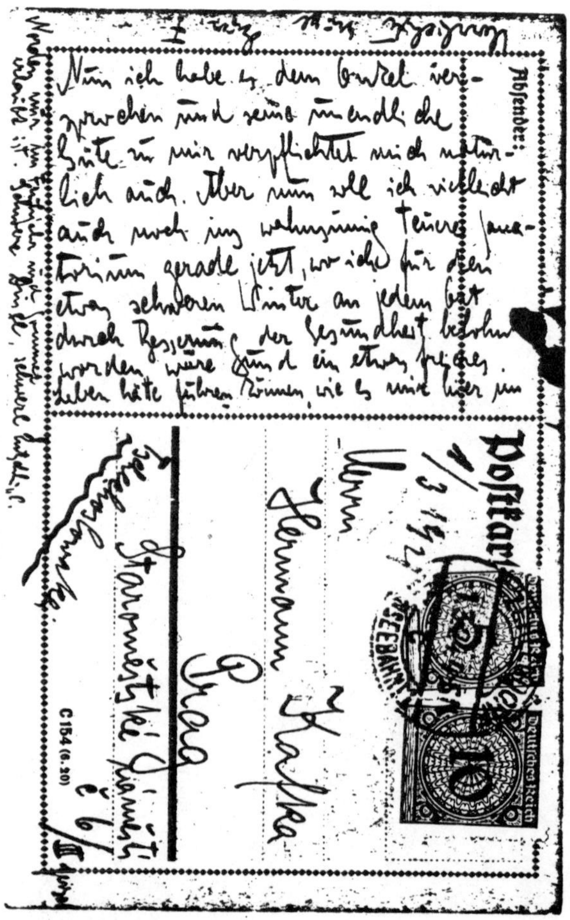
Nun ich habe es dem Onkel versprochen und seine unendliche Güte zu mir verpflichtet mich natürlich auch. Aber nun soll ich vielleicht auch noch ins wahnsinnig teure Sanatorium gerade jetzt, wo ich für den etwas schweren Winter an jedem Ort durch Besserung der Gesundheit belohnt worden wäre und ein etwas frischeres Leben hätte führen können, wie es mir hier im

Absender:

Postkarte

Herrn Hermann Kafka
Prag
Staroměstské náměstí č 6

C 154 (6.20)

[BERLÍN-ZEHLENDORF, 1. BŘEZNA 1924][1]

Nejmilejší rodiče, díky za lístek a ohlášenou vestu[2] i za těch 1 400 K. Kvůli máslu si nedělejte starosti, je zde hojně k dostání. Hlavně však už tu možná ani dlouho nezůstanu. Strýc[3] mě vyhání a D.[4] mě vyhání, já bych ale nejraději zůstal. Tichý, prostorný, slunný, vzdušný byt, příjemná paní domácí,[5] krásná krajina, blízkost Berlína, počínající jaro — to vše mám opustit jen proto, že následkem téhle nezvyklé zimy mám trochu zvýšenou teplotu a že zde strýc byl za nepříznivého počasí a viděl mě jen jednou na slunci, jinak ale několikrát na lůžku, zrovna jako tomu bylo i minulý rok v Praze. Velice nerad budu odjíždět a dát výpověď bude pro mne těžkým rozhodnutím. Jenže jsem to strýci slíbil a přirozeně mě také zavazuje jeho neskonalá dobrota ke mně. Ale teď mám snad ještě taky jet do toho šíleně drahého sanatoria,[6] zrovna nyní, kdy bych byl na kterémkoliv místě za tu trochu těžkou zimu odměněn zlepšením zdraví a mohl vést trochu volnější život, jak je mi to tady na severu dovoleno jen na jaře a v létě. Těžké věci, těžká rozhodnutí.[7]

Co nejsrdečněji zdraví Váš F

Díky Felixovi a Hanne[8] za jejich dopisy. Jak jste z ústavu dostali peníze?

Dopisnice 14×9 cm, obě strany popsány perem, včetně adresy: Herrn Hermann Kafka, Prag, Staroměstské náměstí č. 6/III posch., Tschechoslowakei. *Nad adresou přípis 1/3 1924, zřejmě matčinou rukou. Frankatura 15.*

1) Nedatováno. Datace určena podle poštovního razítka: 1. 3. 24.

2) Viz dopisy č. 13 a 14.

3) Viz dopis č. 16, pozn. 2.

4) Dora Diamantová.

5) Paní dr. Busseová — viz dopisy č. 13, pozn. 11 a č. 14.

6) V tuto chvíli šlo zřejmě o Davos (o jeho drahotě píše Kafka v té době Brodovi, Br 479). Ještě 19. 3. 1924 oznamuje toto rozhodnutí řediteli dr. Odstrčilovi (viz L, 82 a FKAS, 322 a faksimile před s. 257). Pak se zvažovaly další možnosti, proto pro něho rodina zažádala o pas do více států (o tom viz v knize Josefa Čermáka Kafka und Prag, *kterou pod pseudonymem Johann Bauer vydal r. 1971 v nakl. Belser ve Stuttgartu). Nakonec byl Kafka převezen do sanatoria Wienerwald u Ortmannu v Dolních Rakousích. Viz též dopis č. 19, pozn. 7.*

7) Důvody pro sanatorium a proti němu uvádí Kafka v dopise Klopstockovi z téže doby: „Možná ... přijdeme brzy do Prahy, kdyby přicházelo v úvahu sanatorium ve Wiener Waldu, tak určitě. Bráním se sanatoriu i penzi, ale co naplat, když se nemohu ubránit horečce ... Tuze nerad odsud odcházím, ale myšlenku na sanatorium přece nemohu zcela odmítnout, neboť jelikož jsem kvůli horečce už týdny nebyl z domu, a když ležím, cítím se sice dost silný, jakékoliv putování dostává však ještě před vykročením podobu čehosi velkolepého, není leckdy myšlenka pohřbít se klidně zaživa v sanatoriu nikterak nepříjemná. A pak přece jen zas velice ohavná, když člověk pomyslí, že má i v těchto několika teplých měsících, předurčených pro svobodu, svobodu ztratit. Ale potom je tu znovu hodiny trvající ranní a večerní kašel a skoro denně plná lahvička — to pracuje zase pro sanatorium. Ale pak např. znovu strach z tamější strašné povinnosti jíst.“ (Br, 477—478)

8) První a třetí dítě Kafkovy sestry Elli Hermannové, Felix — viz dopis č. 1, pozn. 22 — a Hanne (nar. 1920).

19[1]

Liebste Eltern, das ist ja keine Weste, das ist ein Wunderwerk, so schön und warm, wie hast Du das nur selbst machen können, auch D. versteht es nicht. Und wie viel besser ist sie in jeder Hinsicht als die Weste die ich bis jetzt trug und doch auch schon für sehr gut gehalten habe. Aber ähnlich – in gebührendem Abstand von der Weste – war auch die Buttersendung. Seit zwei Tagen kann ich die hiesige Butter wieder nicht essen, sie ist ja wahrscheinlich sehr gut, schmeckt immer irgendwie nach Lachsschinken, aber man kann nicht immerfort Lachsschinken essen. – Wahrscheinlich werde ich also mit Max kommen aber vielleicht werde ich doch mit den Reisevorbereitungen nicht bis Montag fertig, dann fahre ich paar Tage später. Schön soll Robert nicht kommen, ich weiß, er täte es gern, ich weiß auch aus Erfahrung daß man bei ihm aufgehoben ist wie in den Armen des Schutzengels, aber für diese kurze bekannte Strecke ist es ganz gewiß nicht nötig, bitte redet es ihm bestimmt aus. – Die Einrichtung die Du mit den Zimmern treffen willst ist natürlich die beste ich danke dem Fräulein für die Überlassung des Zimmers, mehr als zwei drei Tage wird es ja wohl nicht dauern. – Der Diener des Hotels muß Montag abend nicht auf der Bahn ~~der~~ warten da es ja noch immerhin ziemlich unsicher ist ob ich komme. Ist es übrigens derselbe

[BERLÍN-ZEHLENDORF, 15. BŘEZNA 1924][1)]

Nejmilejší rodiče, to přece není vesta,[2)] to je obdivuhodné dílo, tak krásné a teplé, jak jsi to jen mohla sama udělat, ani D.[3)] to nechápe. O kolik je v každém ohledu lepší nežli vesta, kterou jsem dosud nosil a rovněž už považoval za velice dobrou. Velice potěšitelná — v náležitém odstupu od vesty — byla i zásilka másla. Už dva dny nemohu zase zdejší máslo jíst, je patrně velice dobré, chutná vždy jaksi po uzeném lososu, ale člověk nemůže pořád jíst uzeného lososa. — Pravděpodobně přijedu tedy s Maxem, ale možná že přece nebudu do pondělí[4)] s přípravami na cestu hotov, pak pojedu o několik dní později. Robert ať určitě nejezdí, já vím, udělal by to rád, vím také ze zkušenosti, že je člověku u něho blaze, jako v náručí strážného anděla, ale na této krátké známé trati to zcela určitě není nutné, rozhodně mu to prosím vymluvte.[5)] — Jak to chceš zařídit s pokoji, je přirozeně nejlepší, děkuji slečně,[6)] že mi přenechala pokoj, víc než dva tři dny to asi trvat nebude.[7)] — Strýcův sluha nemusí v pondělí večer na dráze čekat, poněvadž je pořád ještě dost nejisté, zda přijedu. Je to ostatně ten, který mi před půl rokem nesl kufr? Ne-

Dopis, 1 list 22,4×13,9 cm, obě strany popsány perem. Pod Kafkovým podpisem přípis Brief von Franz aus Zehlendorf am 15/3 1924, *zřejmě matčinou rukou.*

1) Nedatováno. Datace určena z obsahu dopisu (Kafka odjel do Prahy dne 17. 3. 1924, který připadl na pondělí, o němž se v dopise zmiňuje) a z matčina přípisu.

2) Viz dopisy č. 13, 14 a 18.

3) Dora Diamantová.

4) Kafka odjel z Berlína v doprovodu Maxe Broda do Prahy v pondělí 17. března 1924. (Bi, 178; Ži, 214)

5) Kafka žádá Roberta Klopstocka, aby do Berlína nejezdil, v dopise, jejž Brod datuje přibližně na začátek března 1924: „Milý Roberte, nikoliv, žádné cestování, žádný takový divoký čin, i bez toho se sejdeme, klidněji, jak to lépe odpovídá slabým kostem.“ (Br, 477) Klopstock však do Berlína přece přijel. Podle Broda (Bi, 178; Ži, 214) vyprovodil s Dorou Diamantovou Kafku 17. března na nádraží.

6) Viz dopis č. 3, pozn. 10.

7) Kafkův pobyt v Praze trval déle, téměř tři týdny. Do sanatoria Wienerwald u vsi Ortmann v Dolních Rakousích odjel v doprovodu Dory Diamantové 5. dubna 1924. Jak dosvědčuje Kafkův dopis řediteli Dělnické úrazové pojišťovny dr. Odstrčilovi z 19. března 1924, byl nejprve rozhodnut jet na léčení do Davosu (L, 82, FKAS, 322 a faksimile před s. 257). V úvahu přicházely i jiné možnosti, jak dokládá výkaz o cestovním pase Franze Kafky s povolením cestovat do Itálie, Německa, Rakouska a Švýcarska z 27. 3. 1924. (SÚA, fond PŘ, fasc. Franz Kafka, sign. K 854/6, č. kart. 7368, blíže o tom v knize Johanna Bauera [= Josefa Čermáka], Kafka und Prag, Stuttgart 1971, s. 122) Nakonec padla volba na sanatorium Wienerwald, kde měl Kafkův strýc Siegfried Löwy známého lékaře (viz dopis č. 21). Po dobu svého třínedělního pobytu v Praze před odjezdem do sanatoria „slečna“, hospodyně Marie Wernerová, uvolnila Kafkovi svůj pokoj, protože v jeho pokoji bydlel strýc Siegfried. Viz též dopis č. 18, pozn. 6.

19²

der mir vor einem halben Jahr den Koffer getragen hat? Ein auszunehmend angenehmer bereitwilliger Mensch.

Also auf Wiedersehn Montag oder nicht viel später. Euer F.

obyčejně příjemný ochotný člověk.

Tak na shledanou v pondělí nebo ne o mnoho později.

Váš F.

10

11

12

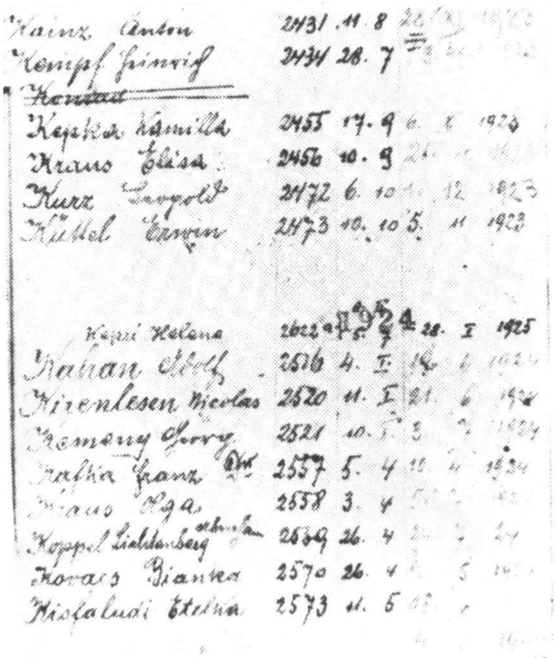

Hainz Anton	2431	11. 8	[illegible]
Kempf Heinrich	2434	28. 7	[illegible]
~~Konrad~~			
Kepka Kamilla	2455	17. 9	6. 8 1923
Kraus Elisa	2456	10. 9	[illegible]
Kurz Leopold	2472	6. 10	4. 12. 1923
Kuttel Erwin	2473	10. 10	5. 11 1923
Kepsi Helena	2622	[illegible]	28. I 1925
Kahan Adolf	2516	4. I	16. 4 1924
Kirenlesen Nicolas	2520	11. I	21. 6 1924
Kemeny Georg	2521	10. I	3. [illegible] 1924
Kafka Franz Dr.	2557	5. 4	11. 4 1924
Kraus Olga	2558	3. 4	[illegible]
Koppel Lichtenberg	2569	26. 4	[illegible] 24
Kovacs Bianka	2570	26. 4	[illegible] 5 [illegible]
Kisfaludi Etelka	2573	11. 5	[illegible]

13

10 Sanatorium Wienerwald u vsi Ortmann
v Rakousku (archív Rotraut Hackermüllerové)
11 Společenská místnost ve Wienerwaldu (in RH)
12 Jídelna ve Wienerwaldu (in RH)
13 Strana ze seznamu pacientů sanatoria
Wienerwald (in RH)

20

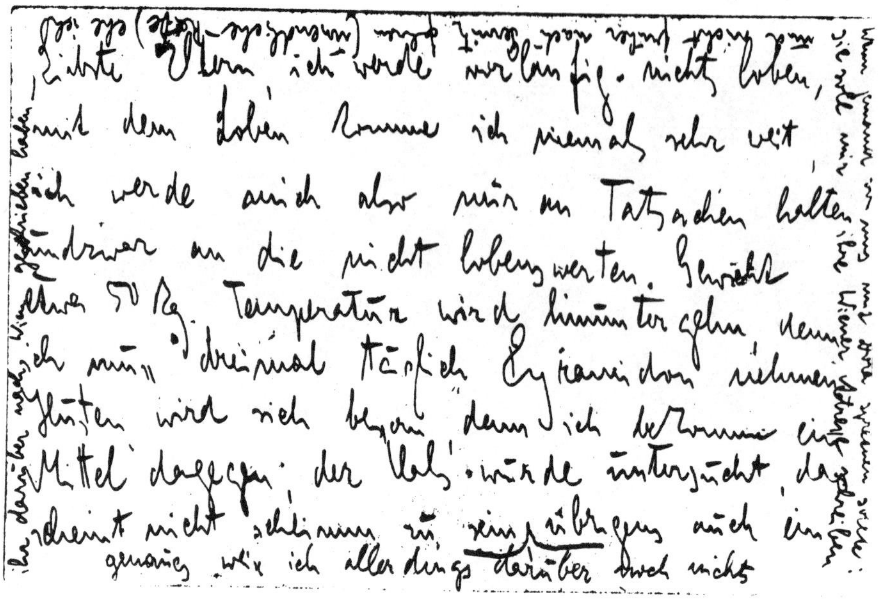
Liebste Eltern ich werde vorläufig nicht loben,
mit dem Loben komme ich niemals sehr weit
ich werde mich also nur an Tatsachen halten
und zwar an die nicht lobenswerten. Gewicht
etwa 50 kg. Temperatur wird hinuntergehn denn
ich muss dreimal täglich Pyramidon nehmen
Husten wird sich bessern denn ich bekomme ein
Mittel dagegen; der Hals wurde untersucht, das
scheint nicht schlimm zu sein übrigens auch ein
genaues weiss ich allerdings darüber noch nicht

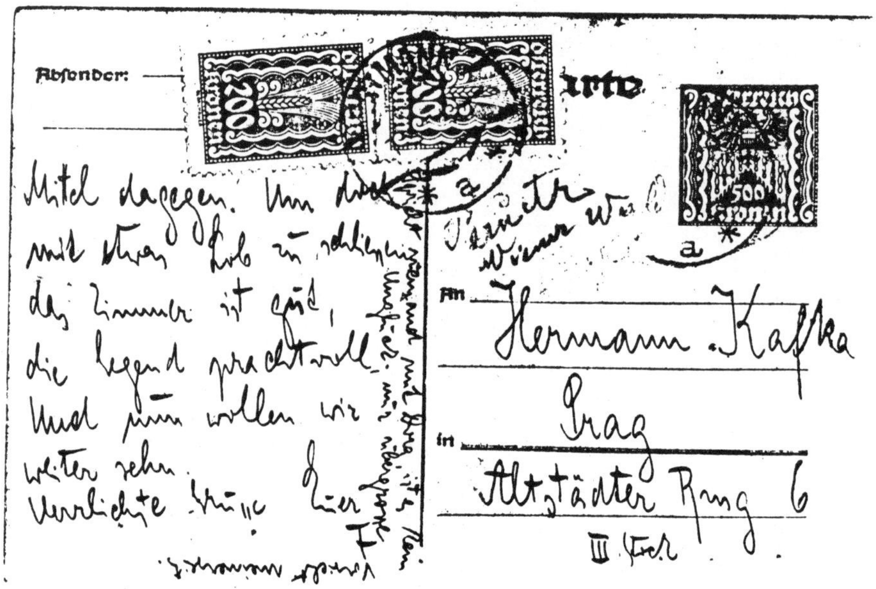
Absender:

Karte

Mittel dagegen. Um doch
mit etwas Lob zu schliessen
das Zimmer ist gut,
die Gegend prachtvoll.
Und nun wollen wir
weiter sehn.
Herzliche Grüsse Euer
F

An Hermann Kafka
in Prag
Altstädter Ring 6
III Stock

[ORTMANN, SANATORIUM WIENERWALD, 7. DUBNA 1924][1]

Nejmilejší rodiče, nebudu prozatím nic chválit, s chválením nikdy příliš daleko nedojdu, budu se tedy držet jen skutečností, a sice těch nechvalných. Váha asi 50 kg. Teplota klesne, neboť musím třikrát denně brát pyramidon, kašel se zlepší, neboť proti kašli něco dostávám, krk byl vyšetřen, nezdá se to zlé, ovšem nic přesného o tom dosud nevím, ostatně i to je prostředek proti tomu. Abych přece skončil trochou chvály,[2] pokoj je dobrý, krajina nádherná. A teď uvidíme, co bude dál.[3]

Co nejsrdečněji zdraví Váš

F

Kdyby někdo z nás mluvil s Dorou:[4] ať mi napíše svou vídeňskou adresu a nejezdí do Pernitzu[5] (nekonečná cesta) dřív, než jí o tom do Vídně napíšu. Nebude-li nikdo s Dorou mluvit, žádné neštěstí; jen převeliká opatrnost z mé strany.

Dopisnice 14×9 cm, obě strany popsány perem, včetně adresy: Hermann Kafka, Prag, Altstädter Ring 6, III Stock. *Nad adresou přípis* Pernitz, Wiener Wald, *zřejmě matčinou rukou. Frankatura 900 rakouských korun.*

1) Nedatováno. Datace určena podle poštovního razítka: 7. IV. 24. Do sanatoria Wienerwald byl Kafka převezen 5. dubna 1924 (viz též dopis č. 19, pozn. 7).

2) Později, 20. dubna 1924 charakterizuje Kafka v dopise Brodovi toto sanatorium slovy: „... zlé, stísňující sanatorium ve Wiener Waldu“ (Br, 481).

3) Rodičům se Kafka vždy snaží věci popsat v co nejpříznivějším světle. Sdělení přibližně stejného obsahu, jenže podrobnější a zároveň skeptičtější, adresuje Kafka téhož dne Robertu Klopstockovi: „Milý Roberte, jen lékařské věci, všechno ostatní je příliš obšírné, tyto věci však — jejich jediná přednost — na štěstí jednoduché. Proti horečce třikrát denně pyramidon v roztoku — proti kašli demopon (bohužel nepomáhá) — a anestesinová dražé: k demoponu také atropin, jestli se nemýlím. Hlavní věcí je asi hrtan. Ze slov se člověk ovšem nedoví nic určitého, protože když je řeč o tuberkulóze hrtanu, každý začne mluvit rozpačitě, vyhýbavě, se strnulým pohledem. Jenže ‚otok vzadu‘, ‚infiltrát‘, ‚není to zlé‘, ale ‚nic určitého se dosud nedá říci‘, to ve spojení s velice zlými bolestmi asi stačí. Jinak: dobrý pokoj, krásná krajina, žádnou protekci jsem nezpozoroval. O pneumothoraxu se zmínit jsem neměl příležitost, při tom špatném celkovém stavu (49 kg v zimním oblečení) nepřipadá ani v úvahu. — S ostatním domem nepřicházím vůbec do styku, ležím na lůžku, mohu také mluvit jen šeptem (jak rychle to šlo, asi třetí den v Praze to náznakem začalo poprvé), zdá se, že je to velká tlachárna od balkónu k balkónu, prozatím mě to neruší.“ (Br, 479—480)

4) Po převozu Kafky do sanatoria Wienerwald se Dora Diamantová nakrátko ubytovala ve Vídni; za Kafkou přijela do sanatoria později (viz dopis č. 21).

5) Pernitz, městečko asi 40 km na jihozápad od Vídně; poblíž je ves Ortmann a u ní sanatorium Wienerwald.

21

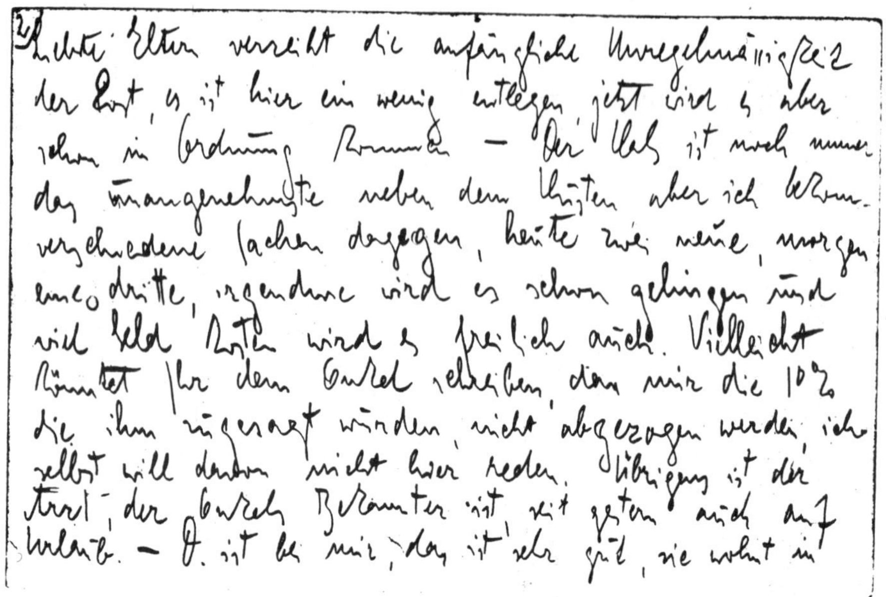

Liebste Eltern verzeiht die anfängliche Unregelmäßigkeit der Post, es ist hier ein wenig entlegen, jetzt wird es aber schon in Ordnung kommen — Der Hals ist noch immer das Unangenehmste neben dem Husten aber ich bekomme verschiedene Sachen dagegen, heute zwei neue, morgen eine dritte, irgendeine wird es schon gelingen und viel Geld kosten wird es freilich auch. Vielleicht könntet Ihr dem Onkel schreiben, dass mir die 10% die ihm zugesagt würden, nicht abgezogen werden, ich selbst will davon nicht hier reden. Übrigens ist der Arzt, der Onkels Bekannter ist, seit gestern auch auf Urlaub. — D. ist bei mir, das ist sehr gut, sie wohnt in

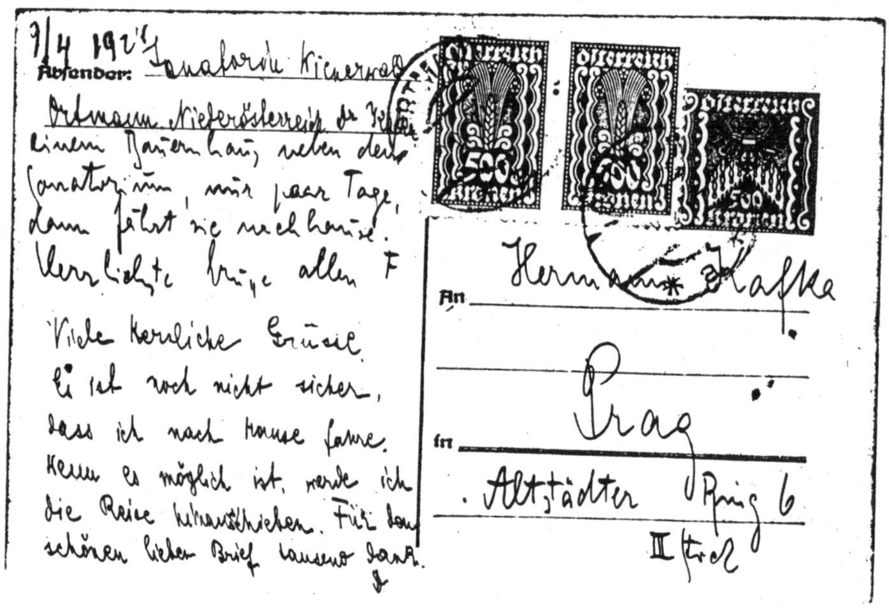

9/4 1924
Absender: Sanatorium Wienerwald
Ortmann Niederösterreich

einem Bauernhaus neben dem Sanatorium, nur paar Tage, dann fährt sie nach Hause. Herzlichste Grüße allen F

Viele herzliche Grüße. Es ist noch nicht sicher, dass ich nach Hause fahre. Wenn es möglich ist, werde ich die Reise hinausschieben. Für den schönen lieben Brief tausend Dank. D

An Hermann Kafka
Prag
in Altstädter Ring 6
II Stock

[ORTMANN, SANATORIUM WIENERWALD, 9. DUBNA 1924][1]

2) Nejmilejší rodiče, promiňte počáteční nepravidelnost pošty, je to tu trochu stranou, teď už se to však spraví. — Krk je stále ještě to nejméně příjemné vedle kašle, ale dostávám proti tomu různé věci, dnes dvě nové, zítra třetí, však se to nějak podaří a mnoho peněz to ovšem taky bude stát.[2] Snad byste mohli napsat strýci, že těch 10 %, která mu byla slíbena, mi nesrazili, já sám o tom tady nechci mluvit. Ostatně lékař, který je strýcův známý,[3] je od včerejška také na dovolené. — D. je u mne, to je moc dobré, bydlí v chalupě vedle sanatoria, jen několik dní, pak pojede domů. Co nejsrdečněji všechny pozdravuje

F

Mnoho srdečných pozdravů. Není dosud jisté, že pojedu domů. Když to bude možné, cestu odložím. Za krásný milý dopis tisíceré díky.

D.[4]

Dopisnice 14×9 cm, obě strany popsány perem, včetně adresy příjemce: Hermann Kafka, Prag, Altstädter Ring 6, III Stock *(psána Kafkou) a odesílatele:* Sanatorium Wienerwald, Ortmann. Niederösterreich. Dr. Kafka *(psána Dorou Diamantovou). Před oslovením dopisnice Kafkou označena číslem 2. Nad adresou odesílatele připsáno* 9/4 1924, *zřejmě matčinou rukou. Frankatura 1 500 rakouských korun.*

1) Nedatováno. Datace určena podle poštovního razítka: 9. IV. 24.
2) Obdobné sdělení posílá Kafka téhož dne Brodovi: „... stojí to a bude to případně stát strašné peníze, Josefina musí trochu pomoci, jinak to nepůjde ... Co se mne týče, je to přece zřejmě hrtan. Dora je u mne ...“ (Br, 480)
3) Jde patrně o dr. Hugo Krause, rodáka z Jihlavy, který byl spolu s dr. Arthurem Baerem majitelem léčebny (viz RH, 100—102). Kraus pravděpodobně zařídil Kafkovo přijetí do sanatoria Wienerwald a slíbil dr. Löwymu (krajanovi) slevu a protekci při léčení. Kafka však 7. dubna, třetí den svého pobytu v sanatoriu, píše Klopstockovi: „... žádnou protekci jsem nezpozoroval.“ (Br, 480; viz dopis č. 20, pozn. 3)
4) Přípis Dory Diamantové.

22

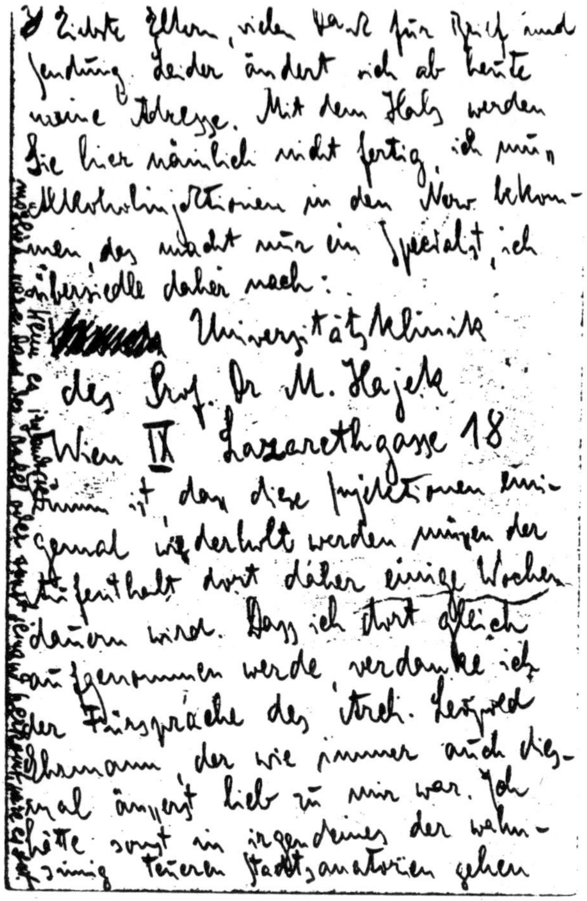

Liebste Eltern, vielen Dank für Brief und Sendung. Leider ändert sich ab heute meine Adresse. Mit dem Hals werden Sie hier nämlich nicht fertig, ich muss Alkoholinjektionen in den Nerv bekommen, das macht nur ein Spezialist, ich übersiedle daher nach:

[redacted] Universitätsklinik
des Prof. Dr M. Hajek
Wien IX Lazarethgasse 18

Dumm ist, dass diese Injektionen einigemal wiederholt werden müssen, der Aufenthalt dort daher einige Wochen dauern wird. Dass ich dort gleich aufgenommen werde, verdanke ich der Fürsprache des Arch. Leopold Ehrmann, der wie immer auch diesmal äusserst lieb zu mir war. Ich hätte sonst in irgendeines der wahnsinnig teuern Stadtsanatorien gehen

[illegible]

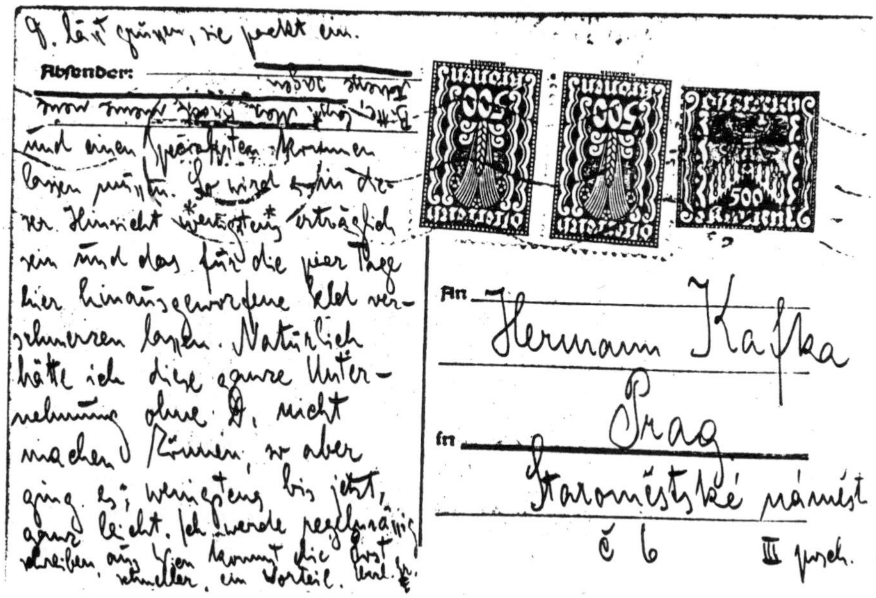

O. lässt grüssen, sie packt ein.

Absender: [illegible]

und einen Spezialisten kommen lassen müssen. So wird es in dieser Hinsicht wenigstens erträglich sein und das für die vier Tage hier hinausgeworfene Geld verschmerzen lassen. Natürlich hätte ich diese ganze Unternehmung ohne D. nicht machen können, so aber ging es, wenigstens bis jetzt, ganz leicht. Ich werde regelmässig schreiben, aus Wien kommt die Post schneller, ein Vorteil. Alles Gute F.

An Hermann Kafka
in Prag
Staroměstské náměst
č 6 III posch.

[ORTMANN, SANATORIUM WIENERWALD, 10. DUBNA 1924][1]

3/ Nejmilejší rodiče, srdečný dík za dopis a zásilku. Bohužel se ode dneška mění moje adresa. S krkem si tady totiž nevědí rady, musím dostávat alkoholové injekce do nervu, to dělá pouze specialista, stěhuji se tudíž na:

Univerzitní[2] kliniku
Prof. dr. M. Hajka
Vídeň IX Lazarethgasse 18 [sic][3]

Hloupé je, že se ty injekce musejí několikrát opakovat, pobyt tam potrvá tudíž několik týdnů. Za to, že mě tam hned přijmou, vděčím přímluvě arch. Leopolda Ehrmanna,[4] který ke mně byl jako vždy i tentokrát nanejvýš milý. Jinak bych býval musel jít do některého ze šíleně drahých městských sanatorií a volat specialistu. Takhle to bude aspoň v tomto ohledu snesitelné a peníze vyhozené za těch pár dnů zde musím oželet. Přirozeně bych býval tohle celé nemohl podniknout bez D., takhle to ale šlo, alespoň doposud, docela snadno. Budu psát pravidelně, z Vídně chodí pošta rychleji, to je výhoda. Co nejsrd. zdr.

F

D. pozdravuje, zrovna balí.[5] Prosím, vzkažte Maxi Brodovi mou novou adresu.[6]

Kdyby bylo nějak možné, že by sem přijel strýc nebo kdokoli jiný, bylo by to dobré.[7]

Dopisnice 14×9 cm, obě strany popsány perem, včetně adresy: Hermann Kafka, Prag, Staroměstské náměstí č 6, III posch. *Před oslovením dopisnice Kafkou označena číslem 3. Nad frankaturou přípis* Eine traurige Karte *(smutný lístek), zřejmě matčinou rukou.*
Frankatura 1 500 rakouských korun.

1) Nedatováno. Datace určena podle obsahu dopisu („Bohužel se ode dneška mění moje adresa.“) a podle poštovního razítka: 10.IV.24.

2) Škrtnuto předcházející slovo Klinik.

3) Kafka zde uvádí mylně číslo domu: správně Lazarettgasse 14, jak píše v dopise Brodovi z téže doby (viz též RH, 106). Kafka byl na klinice prof. Hajka přijat a vyšetřen 10. dubna 1924 (viz foto chorobopisu z téhož dne v RH, 111 až 112). Pro srovnání sdělení Robertu Klopstockovi, které Brod datuje mylně dnem 13. 4. 1924: „... stěhuji se na univerzitní kliniku prof. dr. M. Hajka, Wien IX Lazarettgasse 14. Hrtan totiž tak otekl, že nemohu jíst, musejí mi (prý) dávat alkoholové injekce do nervu, pravděpodobně též udělat resekci. Tak zůstanu několik týdnů ve Vídni.“ (Br, 480)

4) Arch. Leopold Ehrmann — architekt, projektant, nar. 6. 3. 1886 ve Strakonicích, pravděpodobně příbuzný Kafkovy rodiny (Kafkův otec vyrůstal s pěti sourozenci ve Voseku u Strakonic, jeho sestra, Franzova teta, Julie, provdaná Ehrmannová, žila ve Strakonicích), jejich event. příbuzenský vztah však dnes lze těžko určit, protože židovské matriky obce Strakonice z té doby nejsou v SÚA zachovány. Arch. Leopold Ehrmann byl synovcem profesora dermatologie na vídeňské univerzitě MUDr. Salomona Ehr-

manna (podle sdělení paní Langerové v RH, 144 a 165), který patrně na jeho žádost intervenoval u prof. Hajka, aby Kafka byl neprodleně přijat na jeho kliniku.

5) Dora Diamantová Kafkovi stále obětavě pomáhala. Max Brod v této souvislosti píše: „Pro převoz ze sanatoria do Vídně bylo k dispozici jen otevřené auto. Déšť a vítr. Po celou dobu jízdy stála Dora vzpřímena ve voze a snažila se Franze svým tělem chránit proti špatnému počasí.“ (Bi, 178; Ži, 215)

6) Max Brod se o Kafkově přemístění na vídeňskou kliniku dověděl týž den, jak vyplývá z jeho zápisu v deníku: „Všecky hrůzy překonala 10. dubna zpráva... že Kafku poslali ze sanatoria ‚Wiener Wald‘ zpátky. Vídeňská klinika. Zjištěna tuberkulóza hrtanu. Strašlivý, nešťastný den.“ (Bi, 178; Ži, 215)

7) Přípis Dory Diamantové.

14

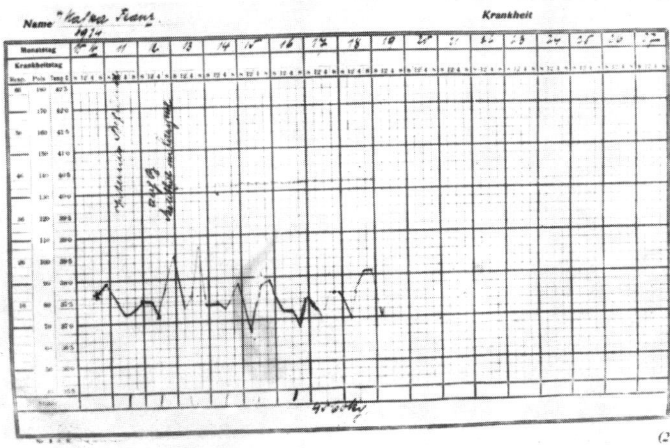

15

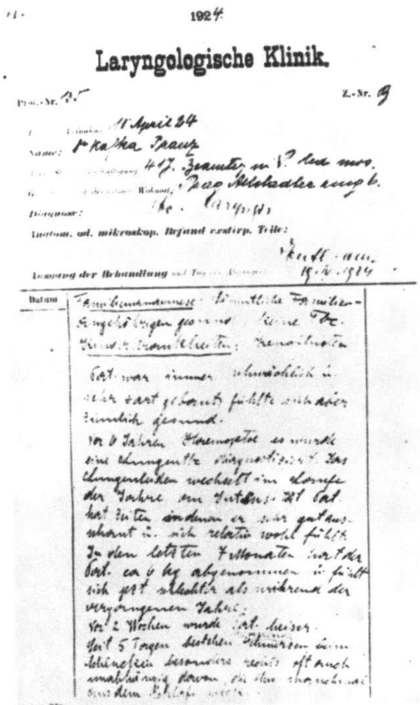

17

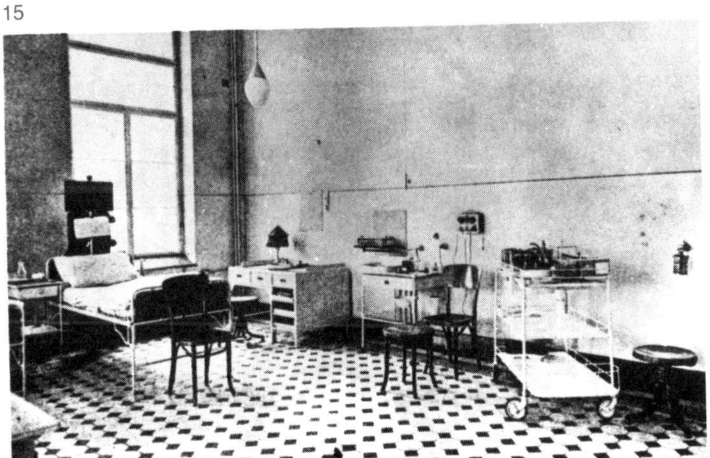

16

14 Vchod do univerzitní nemocnice ve Vídni, Lazarettgasse 14 (in RH)
15 Kafkův teplotní záznam z Hajkovy kliniky (in RH)
16 Nemocniční pokoj na Hajkově klinice (in RH)
17 První strana chorobopisu F. Kafky z laryngologické kliniky prof. Hajka (in RH)

23

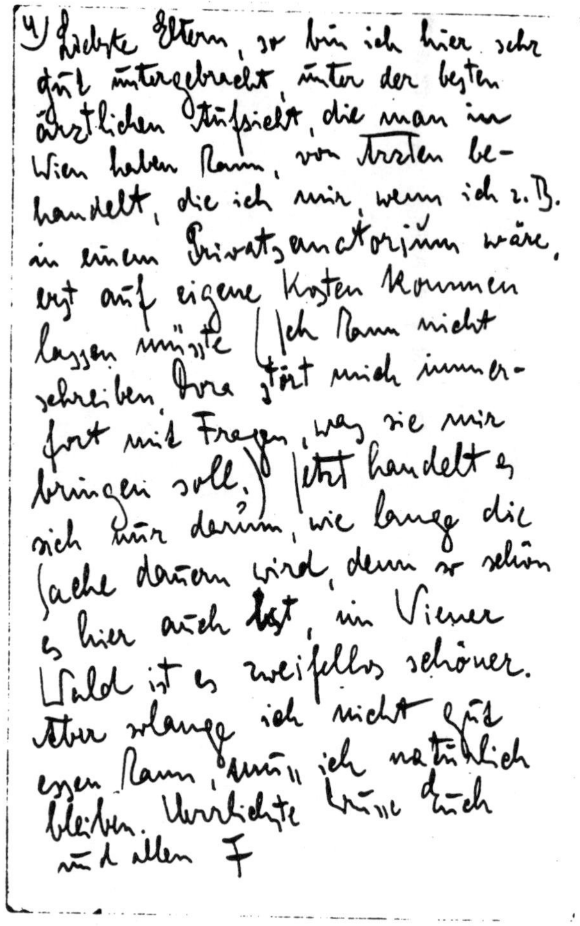
4) Liebste Eltern, so bin ich hier sehr gut untergebracht, unter der besten ärztlichen Aufsicht, die man in Wien haben kann, von Ärzten behandelt, die ich mir, wenn ich z. B. in einem Privatsanatorium wäre, erst auf eigene Kosten kommen lassen müßte (Ich kann nicht schreiben, Dora stört mich immerfort mit Fragen, was sie mir bringen soll.) Jetzt handelt es sich nur darum, wie lange die Sache dauern wird, denn so schön es hier auch ist, im Wiener Wald ist es zweifellos schöner. Aber solange ich nicht gut essen kann, muß ich natürlich bleiben. Herzlichste Grüße Euch und allen F

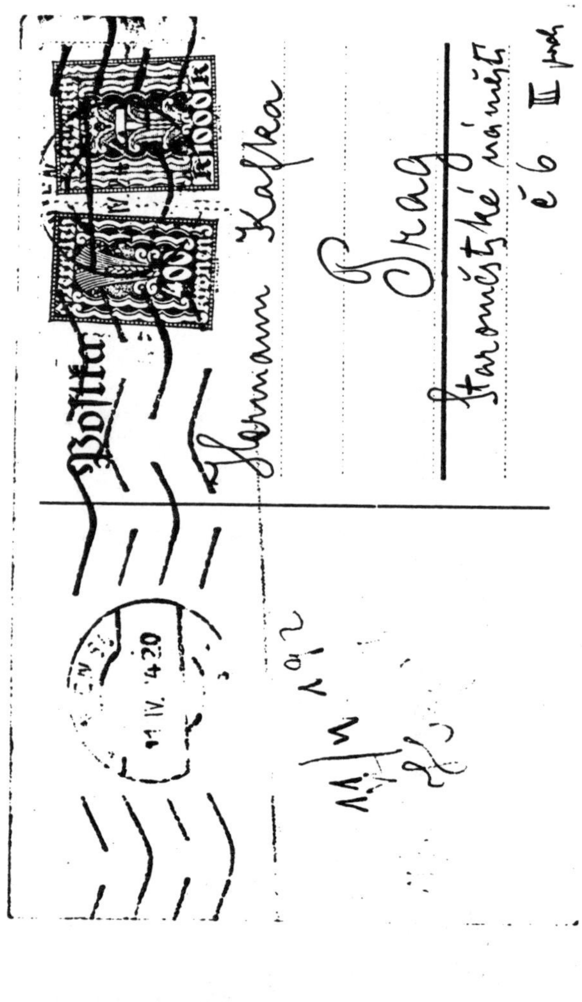

[VÍDEŇ, KLINIKA PROF. HAJKA,
11. DUBNA 1924][1)]

4/ Nejmilejší rodiče, tak jsem tu velice dobře zaopatřen, pod tím nejlepším lékařským dohledem, jaký lze ve Vídni mít, ošetřován lékaři, které bych si, kdybych např. byl v soukromém sanatoriu, musel napřed na vlastní útraty zavolat. (Nemohu psát, Dora mě neustále vyrušuje dotazy, co mi má přivézt.) Teď běží pouze o to, jak dlouho ta věc potrvá, neboť jakkoliv je zde krásně, ve Wiener Waldu je nepochybně krásněji. Ale dokud nebudu moci dobře jíst, musím přirozeně zůstat. Co nejsrdečněji Vás a všechny zdraví

F

Dopisnice 14×9 cm, 1 strana popsána perem, na 2. straně adresa: Hermann Kafka, Prag, Staroměstské náměstí č 6, III posch. *Před oslovením dopisnice Kafkou označena číslem 4. Vedle adresy přípis* 11/4 1924 Klinik Hajek, *zřejmě matčinou rukou. Frankatura 1 400 rakouských korun.*

1) Nedatováno. Datace určena podle poštovního razítka: 11.IV.24.

24

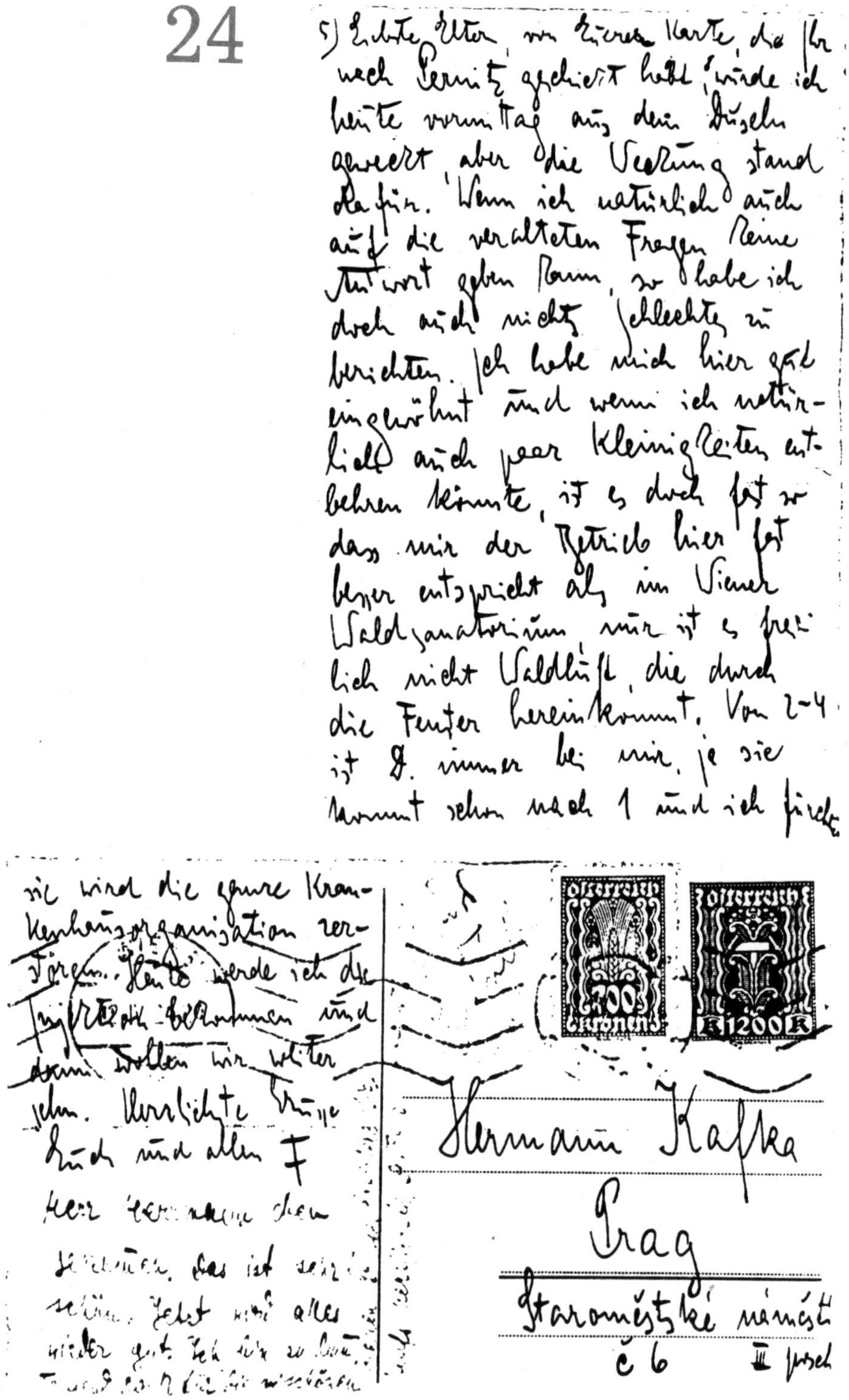

5) Liebste Eltern, von Eurer Karte, die Ihr nach Pernitz geschickt habt, würde ich heute vormittag aus dem Duseln geweckt aber die Zeitung stand dafür. Wenn ich natürlich auch auf die veralteten Fragen keine Antwort geben kann, so habe ich doch auch nichts Schlechtes zu berichten. Ich habe mich hier gut eingewöhnt und wenn ich natürlich auch paar Kleinigkeiten entbehren könnte, ist es doch fast so dass mir der Betrieb hier fast besser entspricht als im Wiener Waldsanatorium nur ist es freilich nicht Waldluft die durch die Fenster hereinkommt. Von 2–4 ist D. immer bei mir, ja sie kommt schon nach 1 und ich fürchte sie wird die ganze Krankenhausorganisation zerstören. Heute werde ich die Injektion bekommen und dann wollen wir weiter sehn. Herzlichste Grüße Euch und allen F

Herr [illegible] das ist sehr schön. Jetzt wird alles wieder gut. Ich bin so [illegible]

Hermann Kafka
Prag
Staroměstské náměstí
č 6 III posch.

[VÍDEŇ, KLINIKA PROF. HAJKA, 12. DUBNA 1924][1]

5/ Nejmilejší rodiče, Váš lístek, jejž jste poslali do Pernitzu,[2] mě dnes odpoledne probudil z dřímoty, ale probuzení stálo za to. I když přirozeně nemohu dát odpověď na zastaralé otázky, tak nemám ani žádné špatné zprávy. Dobře jsem si tu zvykl, a třebaže bych přirozeně mohl pár maličkostí postrádat, je to přece skoro tak, že mi zdejší provoz skoro lépe vyhovuje než v sanatoriu Wiener Wald, jenomže ovšem okny neproudí dovnitř lesní vzduch. Od 2 do 4 je u mne vždy D., ba přichází už po 1 a já mám strach, že naruší organizaci celé nemocnice. Dnes dostanu injekci a pak uvidíme, co bude dál. Co nejsrdečněji Vás a všechny zdraví

F

Právě přišel pan Hermann.[3] To je velice hezké. Všecko bude teď zas dobré. Jsem moc hloupá. Tisíceré díky za krásné nové pozdravy. Co nejsrdečněji je opětuji. D. Franz je čilý a v dobré náladě.[4]

Dopisnice 14×9 cm, obě strany popsány perem, včetně adresy: Hermann Kafka, Prag, Staroměstské náměstí č 6, III posch. *Před oslovením dopisnice Kafkou označena číslem 5. Nad adresou přípis* Aus der Klinik Hajek, *zřejmě matčinou rukou. Frankatura 1 400 rakouských korun.*

1) Nedatováno. Datace určena podle poštovního razítka: 12.IV.24.

2) Viz dopis č. 20, pozn. 5.

3) Karl Hermann — viz dopis č. 1, pozn. 14.

4) Přípis Dory Diamantové.

25

Liebste Eltern, gestern gegen Ende der Besuchsstunde spaziert da plötzlich Karl durch den Korridor. Das war eine hübsche Überraschung. Denn Euer lieber vernünftiger Brief, in welchem mir einzig und allein der tägliche R[illegible] (nicht mein Fehler sondern der von Doras Füllfeder) Regen in Venedig nicht gefällt. Ganz und gar sinnlos und für mich sehr traurig wäre es, wenn der Onkel so grundlos, vor allem für mich zwecklos, in seiner Reise gestört würde. Nun hoffentlich erreicht ihn Euer Telegramm nicht. Das ist meine einzige Hoffnung. Denn Dr. W. dürfte ihr nicht besonders böse sein, soviel wie das Mittelmeer verträgt er auch nur war er zu faul, den Kehlkopfspiegel mitzubringen und die von ihm empfohlene Kaugummi wäre freilich auch nicht das richtige Mittel. Gestern bekam ich eine Mentholeinspritzung, die recht gut gewirkt hat. Eben kommt wieder Karl.

Herzliche Grüße Euch und allen

F.

Bitte, wenn es irgendwie möglich ist, eine Daunensteppdecke oder einfache Steppdecke und ein Polster zu schicken. In der Klinik bekommen nur das notwendigste, und er ist doch ohnewenig verwöhnt. Kaufen ist teuer. Herzlichst D.

Wiener Klinik

Herrn Hermann Kafka

Prag

Staroměstské náměstí

č 6 II posch.

[VÍDEŇ, KLINIKA PROF. HAJKA,
14. DUBNA 1924][1]

Nejmilejší rodiče, včera ke konci návštěv si to najednou po chodbě vykračuje Karl.[2] To bylo pěkné překvapení. Potom Váš milý rozumný dopis, v němž se mi jedině vůbec nelíbí ten každodenní d . . .[3](chyba nikoliv moje, nýbrž Dořina plnicího pera) déšť v Benátkách. Naprosto nesmyslné a pro mne velice smutné by bylo, kdyby se tak bezdůvodně, především pro mne bezúčelně, strýci zhatila jeho cesta.[4] Nu doufejme, že ho Váš telegram nezastihne, to je má jediná naděje. Na dr. W.[5] se nesmíte zvlášť zlobit, tolik jako průměr také rozumí, byl jen příliš líný vzít si hrtanové zrcátko a ani žvýkací guma, kterou doporučil, ovšem nebyla ten správný prostředek. Včera jsem dostal mentholovou injekci, která velice dobře účinkovala. Právě znovu přichází Karl.

Srdečně Vás a všechny zdraví

F.

Prosím, je-li to nějak možné, pošlete prachovou nebo obyčejnou přikrývku a polštář. Na klinice dostává jen to nejnutnější, a je přec jen trochu zhýčkaný. Koupit přijde draho.

Co nejsrdečněji D.[6]

Dopisnice 14×9 cm, obě strany popsány perem, včetně adresy: Hermann Kafka, Prag, Staroměstské náměstí č 6, III posch. *Nad adresou přípis* Wiener Klinik Hajek, *zřejmě matčinou rukou. Frankatura 1 400 rakouských korun.*

1) Nedatováno. Datace určena z obsahu dopisnice („. . . včera ke konci návštěv si to najednou po chodbě vykračuje Karl.") a podle poštovního razítka: 13. IV. 24.

2) Viz předcházející dopis č. 24 a dopis č. 1, pozn. 14.

3) Slovo Regen *(déšť) téměř celé překryto kaňkou.*

4) K tomu píše Kafka později rodičům z Kierlingu (Binder a Wagenbach datují dopis na konec dubna 1924): „Od strýce Siegfrieda jsem včera dostal pohled z Benátek, který dlouho někde bloudil. O každodenních deštích tam ale nic nestálo, spíše naopak." (O, 154)

5) Dr. W. — Mohl to být MUDr. Emil A. Wessely, který byl v té době asistentem prof. Hajka. Podle sdělení paní Rotraut Hackermüllerové je chorobopis Franze Kafky na Hajkově laryngologické klinice psán jeho rukou. Je však málo pravděpodobné, že by si Kafka rodičům stěžoval na nedostatečnou lékařskou prohlídku při svém přijetí na kliniku a rodiče to popudilo, protože z fotokopie chorobopisu (RH, 111—112) vyplývá, že vyšetření bylo důkladné. Navíc těžko uvěřit, že by lékař kliniky, který určil diagnózu „Tbc laryngis", doporučil pacientovi jako léčebný prostředek žvýkačku. Spíše měl Kafka na mysli některého z pražských lékařů, který ho snad vyšetřil v době jeho třítýdenního pobytu vaný v pozn. 3 k dopisu č. 20). V Chytilově Adresáři hl. města Prahy z r. 1924 nacházíme několik lékařů, jejichž jména začínají písmenem W a kteří působili v okolí Kafkova bydliště.

6) Přípis Dory Diamantové.

26

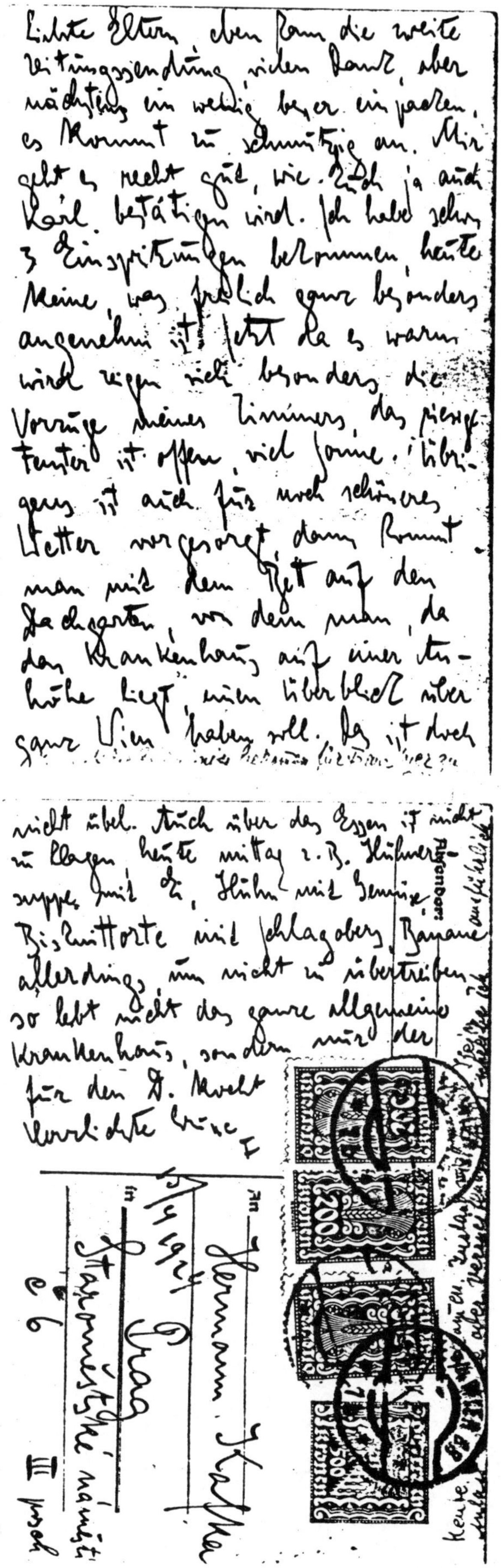
Liebste Eltern, eben kam die zweite Zeitungssendung, vielen Dank, aber nächstens ein wenig besser einpacken, es kommt zu schmutzig an. Mir geht es recht gut, wie Euch ja auch Karl bestätigen wird. Ich habe schon 3 Einspritzungen bekommen, heute keine, was freilich ganz besonders angenehm ist. Jetzt da es warm wird, zeigen sich besonders die Vorzüge meines Zimmers, das Riesenfenster ist offen, viel Sonne. Übrigens ist auch für noch schöneres Wetter vorgesorgt, dann kommt man mit dem Bett auf den Dachgarten, von dem man, da das Krankenhaus auf einer Anhöhe liegt, einen Überblick über ganz Wien haben soll. Es ist doch [illegible]

nicht übel. Auch über das Essen ist nicht zu klagen, heute mittag z. B. Hühnersuppe mit Ei, Huhn mit Gemüse, Biskuittorte mit Schlagobers, Banane allerdings, um nicht zu übertreiben, so lebt nicht das ganze Allgemeine Krankenhaus, sondern nur der für den D. [illegible]
Herzlichste Grüße F

An Hermann Kafka
[illegible]
in Prag
Staroměstské náměstí 6
III Stock

[VÍDEŇ, KLINIKA PROF. HAJKA,
15. DUBNA 1924][1)]

Nejmilejší rodiče, právě došla druhá zásilka novin, srdečný dík, ale příště trochu líp zabalit, přichází to příliš špinavé. Mně se daří velmi dobře, jak Vám potvrdí i Karl.[2)] Dostal jsem už 3 injekce, dnes žádnou, což je ovšem obzvlášť příjemné. Teď když se otepluje, zvlášť se ukazují přednosti mého pokoje, obrovské okno je otevřené, plno slunce. Je ostatně i předem postaráno o ještě lepší počasí, pak se lůžko přestěhuje do zahrady na střeše, z které je prý, jelikož nemocnice stojí na návrší, rozhled po celé Vídni. To není přece špatné. Ani na jídlo si nelze stěžovat, dnes v poledne např. slepičí polévka s vajíčkem, kuře se zeleninou, piškotový dort se šlehačkou a ovšem banány, abych nepřeháněl, tak nežije celá všeobecná nemocnice, nýbrž jenom ten, komu vaří D.

Co nejsrdečněji zdraví F

Dostala jsem povolení Franzovi zde vařit.

Dnes došel kožich. Stav mnohem lepší. Není důvodu k neklidu nebo zoufalství. Večer napíšu podrobně.[3)]

Dopisnice 14×9 cm, obě strany popsány perem, včetně adresy: Hermann Kafka, Prag, Staroměstské náměstí č. 6, III posch. *Přípisy Dory Diamantové tužkou. Vedle adresy přípis* 15/4 1924, *zřejmě matčinou rukou. Frankatura 1 400 rakouských korun.*

1) Nedatováno. Datace určena podle poštovního razítka: 15.IV.24.

2) Viz dopisy č. 24 a 25.

3) Přípisy Dory Diamantové.

27

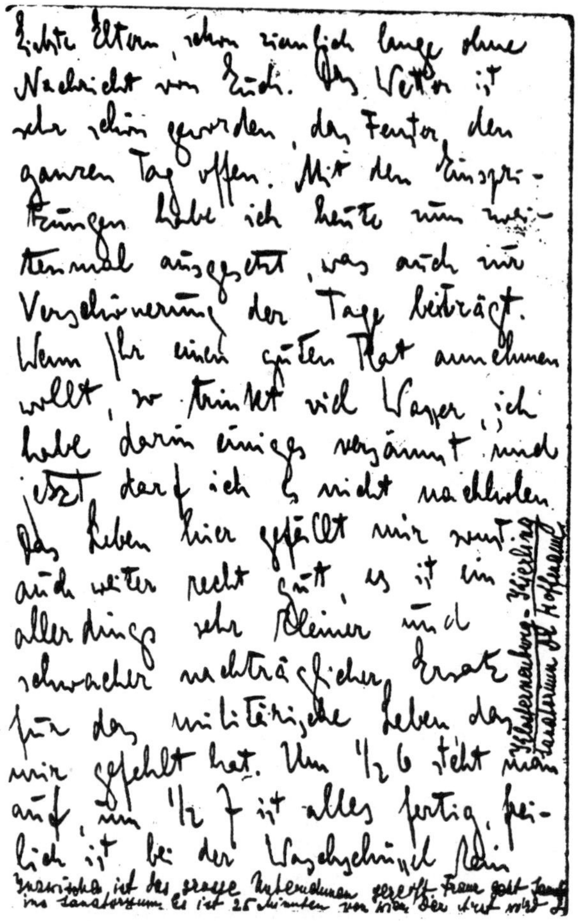

Liebste Eltern, schon ziemlich lange ohne Nachricht von Euch. Das Wetter ist sehr schön geworden, das Fenster den ganzen Tag offen. Mit den Einspritzungen habe ich heute zum zweitenmal ausgesetzt, was auch zur Verschönerung der Tage beiträgt. Wenn Ihr einen guten Rat annehmen wollt, so trinkt viel Wasser, ich habe darin einiges versäumt und jetzt darf ich es nicht nachholen. Das Leben hier gefällt mir sonst auch weiter recht gut, es ist ein allerdings sehr kleiner und schwacher nachträglicher Ersatz für das militärische Leben, das mir gefehlt hat. Um 1/2 6 steht man auf, um 1/2 7 ist alles fertig, freilich ist bei der Waschschüssel kein

Inzwischen ist das grosse Unternehmen geglückt, Frau [illegible] ins Sanatorium. Es ist 25 Minuten von Wien. Der [illegible]

Klosterneuburg-Kierling Sanatorium Dr. Hoffmann

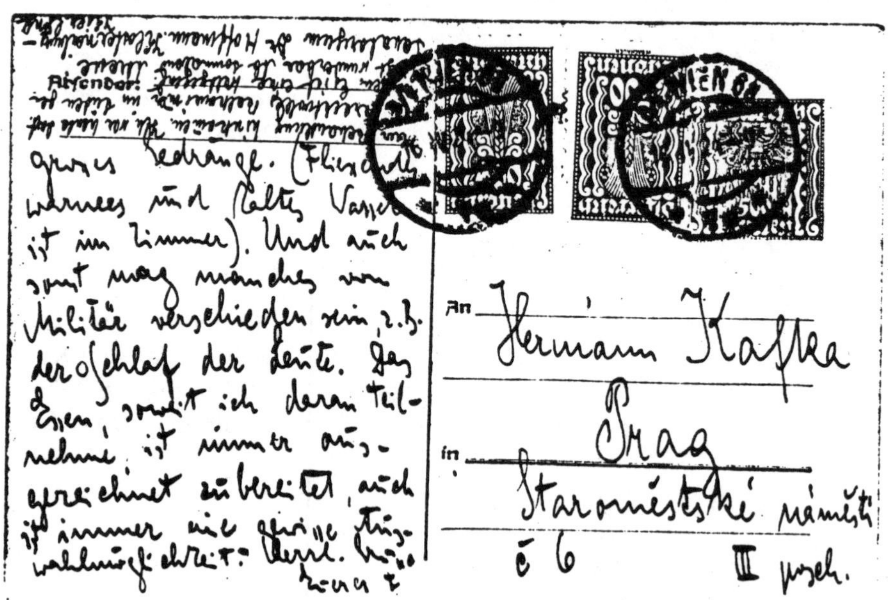

grosses Gedränge. (Fliessendes warmes und kaltes Wasser ist im Zimmer). Und auch sonst mag manches vom Militär verschieden sein, z.B. der Schlaf der Leute. Das Essen, soweit ich daran teilnehme, ist immer ausgezeichnet zubereitet, auch ist immer eine [illegible] Auswahlmöglichkeit. Herzl. Grüsse F

An Hermann Kafka
in Prag
Staroměstské náměstí
č 6 III posch.

[VÍDEŇ, KLINIKA PROF. HAJKA, 16. DUBNA 1924][1]

Nejmilejší rodiče, už dosti dlouho od Vás nemám zprávy. Udělalo se velice krásně, okno je celý den otevřené. Dnes jsem podruhé nedostal injekce, což také přispívá k tomu, že dny jsou krásnější. Chcete-li slyšet dobrou radu, tak pijte hodně vody, já jsem v tom něco zameškal a teď to nesmím dohnat.[2] Zdejší život se mi jinak i nadále velice líbí, je to ovšem velmi malá a slabá dodatečná náhrada za vojenský život, který mi scházel. V 1/2 6 se vstává, v 1/2 7 je všechno hotové, ovšem u umyvadla není žádná velká tlačenice. (Tekoucí teplá a studená voda je v pokoji). I jinak se leccos jistě od vojny liší, např. spánek lidí. Jídlo, pokud se ho účastním, je vždy znamenitě připraveno, také je vždy určitá možnost výběru. Co nejsrd. zdraví

Váš F

Klosterneuburg-Kierling Sanatorium dr. Hoffmanna. Mezitím velký podnik dozrál. Franz odchází v sobotu do sanatorya.[3] Je 25 minut od Vídně. Lékař tam bude docházet a ošetřovat ho.[4] Dnes jsem tam byla, získala jsem nádherný pokoj s balkónem na jižní straně. Je to lesnatá krajina, má báječnou polohu. Od soboty adresa: Sanatoryum dr. Hoffmanna. Klosterneuburg-Kierling.[5]

Dopisnice 14×9 cm, obě strany popsány perem, včetně adresy: Hermann Kafka, Prag, Staroměstské náměstí č 6, III posch. *Nad adresou přípis* 16/4 1924, *zřejmě matčinou rukou. Frankatura 1 400 rakouských korun.*

1) Nedatováno. Datace určena podle poštovního razítka: 16.IV.24.

2) Zde, zdá se, začíná Kafkův tragický zápas s žízní v posledních týdnech života (viz dopisy č. 31 a 32).

3) Tj. 19. dubna 1924. Viz též dopis Robertu Klopstockovi, jejž Brod datuje 18. 4. 1924: „V sobotu chci, když do toho nezasáhne žádné zvláštní neštěstí, do sanatoria dr. Hoffmanna, Kierling u Klosterneuburgu, Dolní Rakousy.“ (Br, 481) Dora Diamantová s Klopstockem prosadili, aby Kafka byl vzhledem k nevyhovující péči na klinice prof. Hajka „propuštěn do domácího ošetřování“. (RH, 112) Nebyl však převezen domů, nýbrž do sanatoria dr. Hugo Hoffmanna v Kierlingu.

4) O návštěvách vídeňských lékařů u Kafky v Kierlingu viz Bi, 179 (Ži, 216), RH, 138-140 a dopisy č. 29 a 32.

5) Přípisy Dory Diamantové. Údaj o sanatoriu je uveden na dvou místech.

28

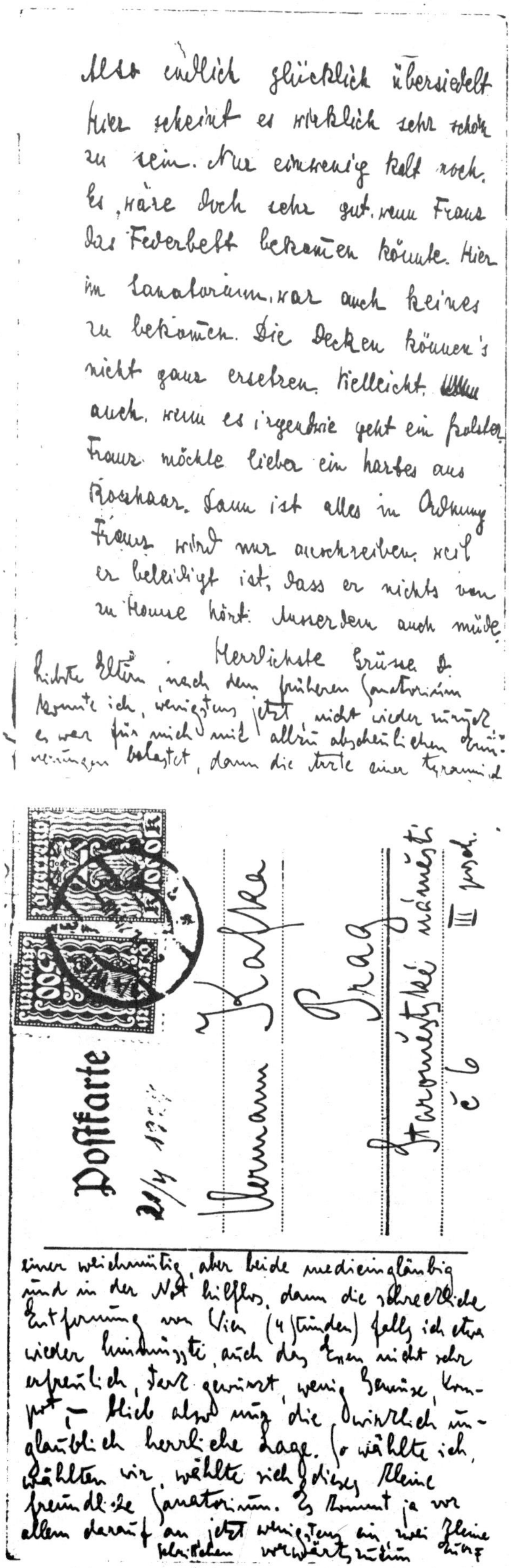

Also endlich glücklich übersiedelt. Hier scheint es wirklich sehr schön zu sein. Nur einwenig kalt noch. Es wäre doch sehr gut, wenn Franz das Federbett bekommen könnte. Hier im Sanatorium war auch keines zu bekommen. Die Decken können's nicht ganz ersetzen. Vielleicht auch, wenn es irgendwie geht ein Polster. Franz möchte lieber ein hartes aus Rosshaar. Dann ist alles in Ordnung. Franz wird nur nachschreiben, weil er beleidigt ist, dass er nichts von zu Hause hört. Ausserdem auch müde. Herzlichste Grüsse D.

Liebste Eltern, nach dem früheren Sanatorium konnte ich wenigstens jetzt nicht wieder zurück, es war für mich mit allzu abscheulichen Erinnerungen belastet, dann die Ärzte einer tyrannisch einer wehmütig, aber beide medizingläubig und in der Not hilflos, dann die schreckliche Entfernung von Wien (4 Stunden) falls ich etwa wieder hinmüsste, auch das Essen nicht sehr erfreulich, Salz gewürzt wenig Gemüse, Kompot, — blieb also nur die wirklich unglaublich herrliche Lage. So wählte ich, wählten wir, wählte sich dieses kleine freundliche Sanatorium. Es kommt ja vor allem darauf an jetzt wenigstens ein zwei kleine Schrittchen vorwärts zu tun

Postkarte

21/4 1924

Hermann Kafka
Prag
Staroměstské náměstí č 6
III posch.

[KIERLING, SANATORIUM
DR. HOFFMANNA, 21. DUBNA 1924][1]

Tedy konečně jsme se šťastně přestěhovali.[2] Tady to opravdu vypadá velmi krásně. Jen je dosud trochu chladno. Bylo by přece jen moc moudré, kdyby Franz mohl dostat peřinu. Tady v sanatoriu ani nebylo možné nějakou dostat. Přikrývky ji nemohou úplně nahradit. Možná taky, jestli to nějak půjde, polštář. Franz by si raději přál tvrdý z koňských žíní. Pak bude všecko v pořádku. Franz jen něco připíše, jelikož je uražený, že nemá z domova žádné zprávy.[3] Kromě toho i unavený.

Co nejsrdečněji zdraví D.[4]

Nejmilejší rodiče, zase zpátky do dřívějšího sanatoria[5] jsem alespoň teď nemohl, bylo pro mě zatíženo příliš ošklivými vzpomínkami,[6] pak lékaři, jeden pánovitý, druhý soucitný,[7] ale oba věřící v léky a v nouzi bezmocní, pak ta strašlivá vzdálenost od Vídně (4 hodiny), kdybych tam snad znovu musel, ani jídlo nebylo příliš potěšující, silně kořeněné, málo zeleniny, kompotu — zbývala tedy jen ta opravdu neuvěřitelně nádherná poloha. Tak jsem si vybral, jsme si vybrali, tak se vybralo tohle malé útulné sanatorium. Záleží ale hlavně na tom, udělat teď aspoň jeden dva malé krůčky kupředu. Váš F

Dopisnice 14×9 cm, obě strany popsány perem, včetně adresy: Hermann Kafka, Prag, Staroměstské náměstí č 6, III posch. *Nad adresou přípis 21/4 1924, zřejmě matčinou rukou. Frankatura 1 500 rakouských korun.*

1) Nedatováno. Datace určena podle poštovního razítka: 21. IV. 24.

2) Dne 19. dubna 1924 — viz dopis č. 27 a k němu pozn. 3.

3) Viz počátek dopisu č. 27.

4) Dopis je poprvé psán v obráceném pořadí: první část Dorou, druhá část Franzem.

5) Tj. do sanatoria Wienerwald u vsi Ortmann, viz dopisy č. 20—22.

6) Viz dopis č. 20, pozn. 2.

7) O lékařích sanatoria Wienerwald viz RH, 100 a 102: „Dr. Baer, prostřední postavy, tmavý, neustále s cvikrem, je elegantní zjev a společensky obratnější, byť z těch dvou vážnější. Je introvert a jen zřídka udržuje osobní styk s nemocnými. Kraus, rodák z Jihlavy, je dobrosrdečný a rád udržuje styky, nadto je velmi cílevědomý a zdatný, pravý opak svého kolegy.“

29

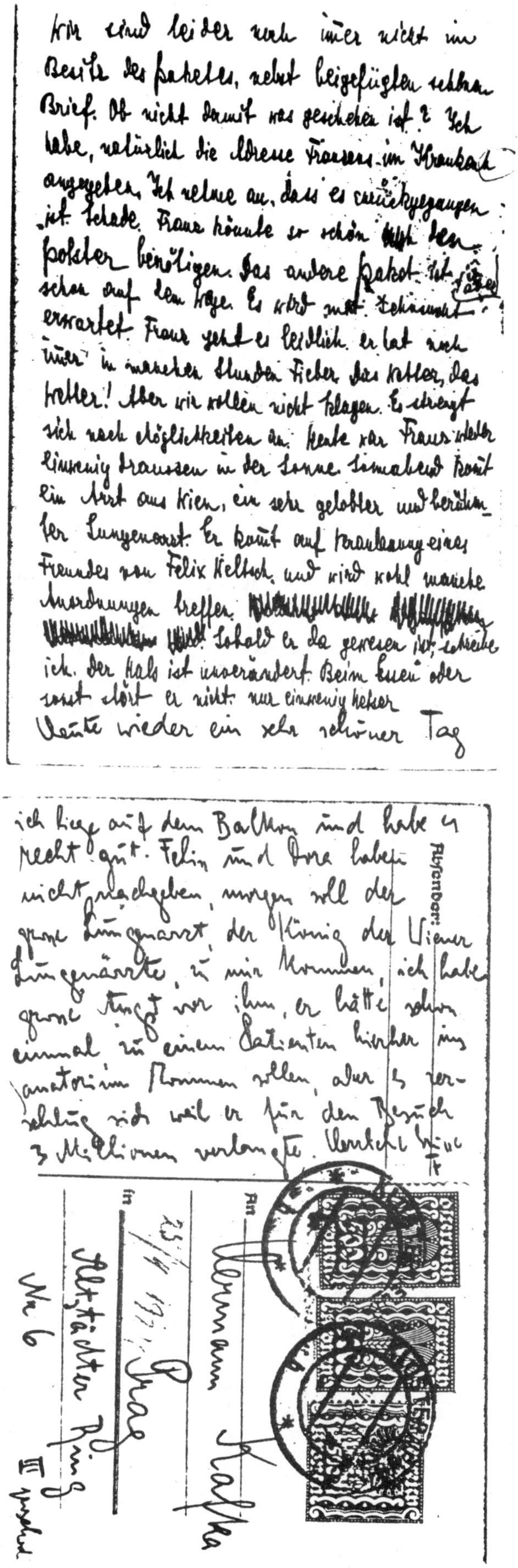
Wir sind leider noch immer nicht im Besitz des Paketes, nebst beigefügten schönen Brief. Ob nicht damit was geschehen ist? Ich habe, natürlich die Adresse Franzens im Krankenhaus angegeben. Ich nehme an, dass es zurückgegangen ist. Schade. Franz könnte so schön den Polster benötigen. Das andere Paket ist schon auf dem Wege. Es wird mit Sehnsucht erwartet. Franz geht es leidlich. er hat noch immer in manchen Stunden Fieber. Das Wetter, das Wetter! Aber wir wollen nicht klagen. Es steigt sich nach Möglichkeiten an. Heute war Franz wieder ein wenig draussen in der Sonne. Sonnabend kommt ein Arzt aus Wien, ein sehr gelobter und berühmter Lungenarzt. Er kommt auf Veranlassung eines Freundes von Felix Weltsch, und wird wohl manche Anordnungen treffen. [redacted] Sobald er da gewesen ist, schreibe ich. Der Hals ist unverändert. Beim Essen oder sonst stört er nicht. nur ein wenig heiser

Heute wieder ein sehr schöner Tag

ich liege auf dem Balkon und habe es recht gut. Felix und Dora haben nicht nachgegeben, morgen soll der grosse Lungenarzt, der König der Wiener Lungenärzte, zu mir kommen, ich habe grosse Angst vor ihm, er hätte schon einmal zu einem Patienten hierher ins Sanatorium kommen sollen, aber es zerschlug sich weil er für den Besuch 3 Millionen verlangte. Herzlichste Grüsse

Absender:

An Herrmann Kafka

in Prag

Altstädter Ring

Nr 6

III Stock

[KIERLING, SANATORIUM DR. HOFFMANNA, 25. DUBNA 1924][1]

Bohužel pořád ještě nemáme balík s přiloženým krásným dopisem. Nestalo se s ním něco? Franzovu adresu jsem přirozeně v nemocnici uvedla. Myslím si, že balík šel zpátky. Škoda. Franz by tak potřeboval ten polštář.[2] Druhý balík je ale už na cestě. Je toužebně očekáván. Franzovi se vede obstojně, má stále ještě v některých chvílích horečku. To počasí, to počasí! Ale nechceme si stěžovat. Přemáhá se co může. Dnes byl Franz zase trochu venku na slunci. V sobotu přijede z Vídně lékař, chvalně známý a slavný plicní lékař.[3] Přijede na popud jednoho přítele Felixe Weltsche[4] a asi ledacos nařídí.[5] Hned jak odejde, napíši. Krk je beze změn. Při jídle ani jinak neruší, jen trochu chraptí.[6]

Dnes je velice krásný den, ležím na balkóně a je to se mnou velice dobré. Felix a Dora nepovolili, zítra ke mně má přijet slavný plicní lékař, král vídeňských plicních lékařů, mám z něho veliký strach, měl už sem do sanatoria jednou přijet k jednomu pacientovi, ale sešlo z toho, protože za tu návštěvu požadoval 3 milióny. Srdečně zdraví

F

Dopisnice 14×9 cm, obě strany popsány perem, včetně adresy: Hermann Kafka, Prag, Altstädter Ring Nr 6, III poschodí. *Vedle adresy přípis* 25/4 1924, *zřejmě matčinou rukou. Frankatura 1600 rakouských korun.*

1) Nedatováno. Datace určena podle poštovního razítka: 25. IV. 24.
2) Viz předcházející dopis č. 28.
3) Pravděpodobně MUDr. Heinrich Neumann, od roku 1919 mimořádný profesor a primář univerzitní kliniky pro nemoci ušní, nosní a hrtanu ve Vídni. Jeho prvním asistentem byl docent otiatrie MUDr. Oscar Beck, který byl ve styku s Felixem Weltschem. Dne 3. května 1924 mu píše v dopise, jejž cituje Max Brod: „Včera mě slečna Diamantová zavolala do Kierlingu. Pan Kafka měl velice silné bolesti v hrtanu, zvláště při kašli. Při jídle se bolesti stupňují do té míry, že polykání je skoro nemožné. Konstatoval jsem v hrtanu rozpadající se tuberkulózní proces, zasahující i část hrtanové záklopky. Při tomto nálezu nelze vůbec pomýšlet na nějaký operativní zákrok, a dal jsem alkoholovou injekci do nervus laryngeus superior. Dnes mě slečna Diamantová volala znovu a řekla mi, že úspěch byl jen přechodný a že bolesti začaly znovu se stejnou intenzitou. Poradil jsem slečně Diamantové, aby převezla pana dr. Kafku do Prahy, protože i profesor Neumann odhadl délku jeho života asi tak na tři měsíce. Slečna Diamantová to odmítla, protože se domnívá, že by se tím pacientovi ujasnilo, jak těžce je nemocen.

Bude záhodno, abyste jeho příbuzným dokonale vysvětlil vážnost situace. Psychologicky chápu, že slečna Diamantová, která se nemocného obětavě ujímá, chce do Kierlingu zavolat ke konciliu ještě celou řadu odborníků. Musel jsem jí tudíž vysvětlit, že plíce i hrtan dr. Kafky jsou v takovém stavu, že žádný odborník už nepomůže a bolesti že lze zmírnit jen pantoponem nebo morfiem." (Bi, 179; Ži, 216)
Mohlo však jít i o prof. dr. Wilhelma Neumanna, který byl od roku 1921 primářem tuberkulózního oddělení ve vídeňském Wilhelminenspitalu a jemuž se později říkalo „Lungenpapst". O něm viz H. Klima: Hofrat Prof. Dr. Wilhelm Neumann — der „Lungenpapst" aus Wien (1877—1944). Österreichische Ärztezeitung, 1983, č. 3, s. [2].
4) JUDr. a PhDr. Felix Weltsch (1884—1964) patřil k úzkému kruhu Kafkových přátel, chodil o rok níž na totéž Staroměstské gymnázium jako Kafka. Kafka se s ním blíže poznal prostřednictvím Broda někdy v roce 1903. Později byl Weltsch zaměstnancem pražské univerzitní knihovny a psal knihy zejména filozoficko-náboženského obsahu.
5) Následuje asi pět přeškrtaných slov.
6) První část dopisnice psána Dorou Diamantovou.

18

19

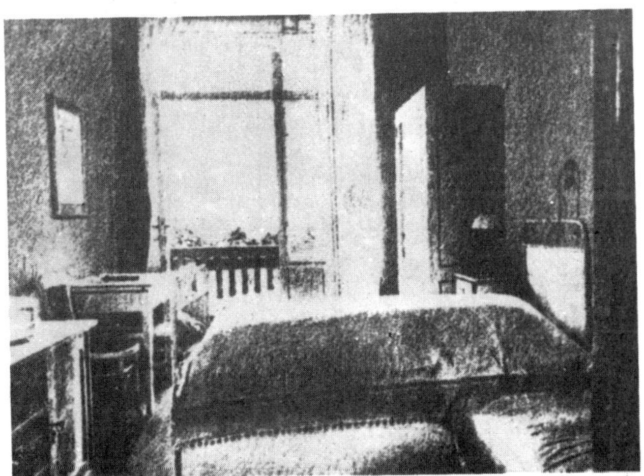

20

18 Sanatorium dr. Hugo Hoffmanna v Kierlingu — pohled z ulice (in RH)
19 Sanatorium dr. Hoffmanna v Kierlingu — pohled ze zahrady (in RH)
20 Nemocniční pokoj s balkónem sanatoria v Kierlingu (in RH)

30

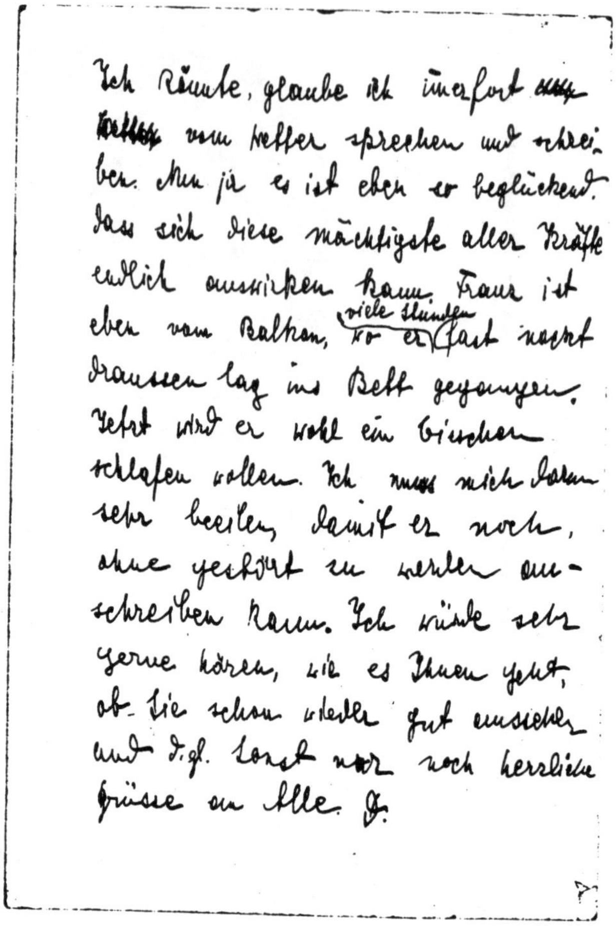

Ich könnte, glaube ich, immerfort vom Wetter sprechen und schreiben. Nun ja es ist eben so beglückend, dass sich diese mächtigste aller Kräfte endlich auswirken kann. Franz ist eben vom Balkon, wo er viele Stunden fast nackt draussen lag ins Bett gegangen. Jetzt wird er wohl ein bisschen schlafen wollen. Ich muss mich daher sehr beeilen, damit er noch, ohne gestört zu werden ausschreiben kann. Ich würde sehr gerne hören, wie es Ihnen geht, ob Sie schon wieder gut aussehen und dgl. Sonst nur noch herzliche Grüsse an Alle. J.

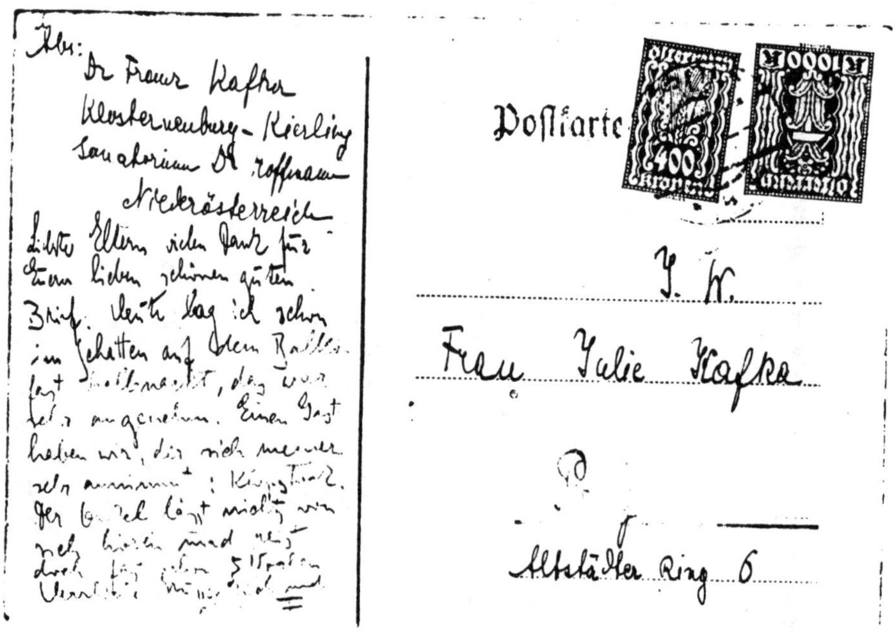

Abs:
Dr Franz Kafka
Klosterneuburg-Kierling
Sanatorium Dr Hoffmann
Niederösterreich

Liebste Eltern vielen Dank für Euren lieben schönen guten Brief. Heute lag ich schon im Schatten auf dem Balkon fast halbnackt, das war sehr angenehm. Einen Gast haben wir, der sich meiner sehr annimmt: Klopstock. Der Onkel lässt mich [illegible] hier [illegible] doch [illegible] 5 Wochen [illegible]

Postkarte

J. W.
Frau Julie Kafka
Prag
Altstädter Ring 6

[KIERLING, SANATORIUM DR. HOFFMANNA, KONEC DUBNA – POČÁTEK KVĚTNA 1924][1)]

Mohla bych, myslím, neustále mluvit a psát o počasí. Nu a zrovna to člověka tak blaží, že se tato nejmocnější ze všech sil konečně může projevit. Franz odešel právě do postele z balkónu, kde ležel mnoho hodin venku skoro nahý. Teď se asi bude chtít trochu prospat. Musím si proto velice pospíšit, abych ho nemusela rušit a mohl ještě něco napsat. Moc ráda bych se dověděla, jak se Vám daří, jestli už zas dobře vypadáte apod. Jinak už jen všechny srdečně pozdravuju. D.[2)]

Nejmilejší rodiče, srdečný dík za Váš milý krásný dobrý dopis. Dnes jsem už ležel skoro napůl nahý ve stínu na balkóně, to bylo velmi příjemné. Máme hosta, který o mne velice pečuje: Klopstocka.[3)] Strýc o sobě nedává vědět a cestuje už přece skoro 5 neděl.[4)] Srdečně Vás a všechny pozdravuje

F

Dopisnice 15,5×10,5 cm, popsány obě strany; adresa příjemce: I. W. Frau Julie Kafka, Prag, Altstädter Ring 6 *a odesílatele:* Abs. Dr Franz Kafka, Klosterneuburg-Kierling, Sanatorium Dr Hoffmann, Niederösterreich *psány perem, rukou Dory Diamantové. Text Dory Diamantové a část textu Kafkova jsou psány perem* (Mohla bych ... napůl nahý ve stínu), *zbývající část Kafkova textu (od* na balkóně ...*) tužkou. Frankatura 1 400 rakouských korun.*

1) Nedatováno. Datace přibližně určena podle obsahu. Dopis je zřejmě pozdější než dopis č. 29 z 25. dubna, protože v něm Kafka rodičům děkuje za „milý krásný dobrý dopis", jejž Dora v dopise z 25. dubna dosud postrádala. Zmínka o přítomnosti Roberta Klopstocka by časově odpovídala květnovému datu, mají-li pravdu Binder s Wagenbachen, že Klopstock přijel do Kierlingu počátkem května. (O, 215) Dopis č. 30 je však dřívější než dopis č. 117 v O, 154, jejž Binder s Wagenbachen datují na konec dubna 1924, protože v dopise č. 30 našeho vydání Kafka dosud nemá zpráv od strýce Siegfrieda cestujícího po Itálii, zatímco v dopise č. 117 se již zmiňuje o strýcově pohlednici z Benátek.

2) Psáno Dorou Diamantovou.

3) Viz dopis č. 12, pozn. 16.

4) Viz dopis č. 25 a k němu pozn. 4.

31 1

Ich hab schon ein sehr böses Gewissen.
Dadurch, dass der liebe gute Klopstock schreibt,
ist es nur noch mehr ~~[illegible]~~ schuldbewusst, wenn
auch einerseits beruhigt. Es ist auch nicht viel
zu berichten. Viel beruhigender und überzeugender
wäre alles, wenn Sie einmal hier gewesen wären
und selbst gesehen hätten, wie schön und gut Franz
hier aufgehoben ist. Er liegt von Morgens
um 7 Uhr bis Abends 7–8 Uhr auf dem
Balkon. Bis Mittag um 2 ist Sonne
dann geht sie weg zu anderen Balkone
die auf der anderen Seite liegen, und
statt ihr steigt allmählig aus den
Tiefen ein wunderbar berauschender
Duft auf, der wie Balsam wirkt.
Bis Abend steigert er sich zu einer
unglaublichen fast nicht zu ertragender
Stärke. Und die Aussicht und die Klänge rings-herum
~~ist~~ schafft dem Auge und dem Gehör
auch Atem-Organe. Alle Sinne verwandeln
sich zu Atem-Organe, und alle zusammen
atmen in sich die Genesung, den
Segen, der in Fülle ringsherum ver-
breitet ist ein. Schade, dass ich nicht

[KIERLING, SANATORIUM DR. HOFFMANNA, KOLEM 19. KVĚTNA 1924][1)]

Mám už velice špatné svědomí. Tím, že píše milý dobrý Klopfstock[2)] [sic], je si tím víc vědomo viny, i když na druhé straně je uklidněné. Není také mnoho o čem psát. Všecko by víc uklidňovalo a přesvědčovalo, kdybyste sem byli někdy přijeli a sami viděli, jak krásně a dobře je tu o Franze postaráno. Leží od 7 hodin ráno do 7—8 hodin večer na balkóně. Do 2 hodin v poledne je slunce, pak přejde k jiným pacientům, ležícím na druhé straně, a místo něho stoupá ponenáhlu z hlubin podivuhodně vyhlížející pára, působící jako balzám. Do večera neuvěřitelně, téměř nesnesitelně sílí. A výhled a zvuky kolem dokola vybavují oko a sluch i dýchacími orgány. Všechny smysly se mění v dýchací orgány a všechny dohromady vdechují uzdravení, požehnání, štědře rozprostřené vůkol. Škoda, že ne-

Dopis, 22×14 cm, popsány 4 strany perem.

1) Nedatováno. Datace je obtížná, je přibližně určitelná z obsahu. Důležitý pro dataci je Dořin lístek (s Kafkovým přípisem) rodičům z pondělí 26. května 1924: „Chci, i když velice opožděně, odpovědět na překrásný poslední lístek z neděle. Jaká to byla výměna radosti! Váš lístek a Franzův dopis. Kéž by to tak jen bylo vždycky. Lístek nezpůsobil méně radosti než expresní dopis. Franz se ho málem naučil nazpaměť. Obzvlášť hrdý je na to, že bude moci se svým ctihodným a milým otcem vypít sklenici piva.“ (O, 216) Expresní dopis od rodičů („Váš milý společný dopis“), obsahující zprávu o výletě Elli a její rodiny, dostal Kafka podle Bindera a Wagenbacha pravděpodobně 17. května. Téhož dne píše Klopstock Kafkově rodině o Franzově reakci na zprávu o výletě: „Jak to uslyšel, řekl — s očima zářícíma jako slunce, ‚to pili také pivo‘ — řekl to ale s takovým nadšením a netajenou radostí, že my, kdo jsme to slyšeli, jsme pivo, které se tam pilo, vychutnávali víc než ti, kdo je pili doopravdy. Pije teď, jak už jsem jednou psal, pivo ke každému jídlu a vychutnává je tak, že je rozkoš se na něho dívat.“ (O, 216) V neděli 18. května poslali rodiče Franzovi lístek, kde otec zřejmě nadhodil možnost vypít se synem sklenici piva. Protože se Franz v našem dopise omlouvá, že dosud nepoděkoval „za milý společný dopis“ (který dostal 17. 5.), protože slovo „výměna“ v Dořině textu z 26. 5. napovídá, že lístek rodičů a Franzův dopis nebyly od sebe časově vzdáleny, a protože na lístek rodičů z 18. 5. odpovídají Dora s Franzem až 26. 5., je možno předpokládat, že náš dopis byl napsán někdy kolem 19. května, krátce před obdržením lístku z 18. 5. Zdá se tedy, že tento dopis patří na místo, které Binder s Wagenbachem vyhrazují známému dopisu č. 119 své edice (O, 155—156), který převzali z Brodova životopisu (Bi, 183—184; Ži, 221—222).
2) Tím se vysvětluje oslabení korespondenčního styku mezi Franzem (Dorou) a rodiči v květnu 1924, tj. i časová pauza mezi dopisy č. 30 a 31 této edice.

31[2]

Die Gabe hätte ich besitzen, es Ihnen schöner zu beschreiben, so wie es richtig ist. Aber durch den Onkel, Ottla und Max, die begabter sind, werden Sie allmählig doch den richtigen Eindruck gewinnen. Und da die Bekämpfung der Krankheit einzig und allein auf das angewiesen ist, muss man unbedingt glauben, und sicher sein, dass es auch gelingt. Die Tücken die sich hie und da einstellen, werden mit wachsamen Auge sofort aufgefangen und nach Möglichkeit beseitigt. Die Halsschmerzen, die manchmal in leichter Form auftauchen, sind ganz unbedeutend und, besonders da der Hals in ständiger Behandlung ist, absolut keinen Anlass zur Beunruhigung geben. Übrigens habe ich sie auch in den ersten Briefen selten erwähnt, weil Sie sich von der Ferne, trübe Gedanken darüber gemacht hätten. Jetzt ruft es zu Mittag. Wir waren oben bei Klopstock, Franz schläft noch. Konsultation werde ich Ihnen nicht schicken müssen. Wegen Temperatur und sonstigem, erzählt mir eben

Geld brauchen wir augenblicklich nicht; übrigens höre ich von einem eingeschlossenen Geldgeschenk, ich wage gar nicht deutlicher danach zu fragen

mám dar popsat Vám to krásněji. Tak jak to opravdu je. Ale od strýce, Ottly a Maxe[3], kteří mají větší nadání, přece postupně nabudete správného dojmu. A protože zápas s nemocí je odkázán jen a jen na to, musíme bezvýhradně věřit a mít jistotu, že se to také podaří. Záludnosti, které se tu a tam dostavují, musejí být ihned bedlivě zachycovány a pokud možno odstraňovány. Bolesti v krku, které se občas v lehké podobě objevují, jsou zcela nevýznamné a nezavdávají, zvláště když je krk neustále léčen, absolutně žádný důvod k znepokojení, proto jsem se také o nich v posledních dopisech málokdy zmiňovala, poněvadž by Vás z té dálky o nich napadaly chmurné myšlenky. Teď volají k obědu. Jsem nahoře u Klopfstocka, Franz dole spí. Doufám, že ho nebudu muset budit, Klopfstock mi zrovna říká,

3) Kdy byli Siegfried Löwy a Ottla v Kierlingu, není zjištěno. Dora o návštěvu „strýce nebo kohokoli jiného" žádá už při odjezdu Kafky z Wienerwaldu 10. dubna (viz dopis č. 22). Brod navštívil Kafku 12. května. (Bi, 181; Ži, 218)

31³

Klopfstock, dass er schon geschrieben hat. Was das für ein wunderbarer Mensch ist! Ihre Beziehung zu mir in den Briefen, macht mich jedes Mal von Neuem glücklich. Bloss, weiss ich nicht ob es mir zukommt. Ich will mir Mühe geben es zu verdienen.

Viele, viele herzliche Grüsse. Darf ich einmal sprach Ihrer warmen herzlichen Art mich so die Arme zur Umarmung ausstrecken? Wie das gut tut! Nochmal herzlichst

Liebste Eltern nun hat aber meine Dora Schreibfaulheit wirklich alle Grenzen überschritten, nicht einmal für Euren lieben gemeinsamen Brief, der mir solche Freude gemacht hat, habe ich noch gedankt. Es ist aber nicht nur mit dem Schreiben so, in meinem ganzen Leben seit den Jünglingszeiten habe

že o teplotě a ostatních věcech už psal. Jak báječný je to člověk! Váš vztah ke mně v dopisech mě pokaždé znovu naplňuje štěstím. Pouze nevím, jestli mi to přísluší. Vynasnažím se, abych si to zasloužila. Mnoho, mnoho srdečných pozdravů. Smím i já tentokrát stejně vřele a srdečně jako Vy roztáhnout paže k objetí? Jak to člověku dělá dobře! Ještě jednou co nejsrdečněji

Dora

Nejmilejší rodiče, moje lenost psát přesáhla teď ale opravdu všechny meze, dosud jsem nepoděkoval ani za Váš milý společný dopis,[4] který mi udělal takovou radost. Ale není tomu tak jen se psaním, po celý svůj život od kojeneckých dob jsem se jako nyní

4) Expresní dopis, jejž Kafka podle O, 216 dostal dne 17. května (viz pozn. 1).

31[4]

ich mich von allem was nur ein wenig Mühe
und Arbeit genannt werden könnte, ferngehalten
wie jetzt – warum auch nicht, da ich Dora
und Robert habe. Höchstens das Essen ist
ein wenig anstrengender als es das stille
Saugen damals gewesen sein mag. Aber auch
das Essen suche ich mir zu erleichtern z. B.
was Dir liebster Vater vielleicht gefallen wird
durch Bier und Wein. Doppelmalz-Schwe-
chater und Adriaperle, von welcher letzteren
ich jetzt zu Tokayer übergegangen bin.
Freilich die Mengen, in denen es getrunken
und die Art in der es behandelt wird,
würden Dir nicht gefallen, sie gefallen
mir auch nicht, aber es geht jetzt
nicht anders. Warst Du übrigens als Soldat
nicht in dieser Gegend? Kennst Du auch
den Heurigen aus eigener Erfahrung?
Ich habe große Lust, ihn einmal mit
Dir in einigen ordentlichen großen Zügen
zu trinken. Denn wenn auch die
Trinkfähigkeit nicht sehr groß ist, an
Durst gebe ich es niemandem nach.
So habe ich also mein Trinkerherz aus-
geschüttet. Herzlichste Grüße Euch und allen
F

stranil všeho, co se jen trochu nazývalo námaha a práce; proč taky ne, když mám Doru a Roberta. Nanejvýš jídlo je trochu namáhavější, než asi tenkrát bylo tiché sání. Ale i jídlo si hledím ulehčit, např. pivem a vínem, což se Tobě, nejmilejší otče, možná bude líbit. Schwechatským ležákem a Perlou Adrie, z kteréžto jsem teď přešel na tokajské. Ovšem množství, v němž se pije, a způsob, jímž se s ním zachází, by se Ti nelíbily; ani mně se nelíbí, ale jinak to teď nejde. Nebyl jsi ostatně jako voják v tomhle kraji? Znáš taky z vlastní zkušenosti mladé víno? Mám velkou chuť jednou ho s Tebou pár pořádných velkých doušků vypít. Vždyť i když schopnost pít není příliš velká, žízni se mi nikdo nevyrovná. Tak jsem tedy ulevil svému pijáckému srdci.[5] Co nejsrdečněji Vás a všechny zdraví

F

Peníze v tuto chvíli nepotřebujeme; ostatně dovídám se o nějakém obrovském peněžitém daru, vůbec se neodvažuji určitěji se na něj ptát.

5) K tomu později text z lístku, který 26. 5. Dora a Franz poslali rodičům. Dora: „. . . Z Franze se stal vášnivý piják. Není skoro jídla bez piva nebo vína. Ovšem v nepříliš velkém množství. Vypije týdně láhev tokajského nebo jiného dobrého vína pro labužníky. Máme k dispozici víno trojí, abychom to po způsobu pravých labužníků jaksepatří střídali.“ (O, 216) Franz zřejmě chce ve svém přípise napravit dojem, jehož rodiče mohli nabýt z našeho dopisu: „Milí rodiče, jen jednu věc musím uvést na pravou míru: moje touha po vodě (jak u nás vždy přichází na stůl po pivě ve velkých sklenicích!) a po ovoci není menší než po pivě, ale zatím to jde jen pomalu.“ (O, 157) Drama pacienta sužovaného žízní pak dokreslují lístky se záznamy (tzv. Gesprächsblätter), které Kafkovi nemohoucímu mluvit umožňovaly komunikaci s okolím: „Věřit, že bych se někdy mohl prostě odvážit pořádně si loknout vody.“ — „Zeptej se, mají-li dobrou minerálku, jen ze zájmu.“ (Br, 485) „Zlé je, že nemohu vypít jedinou sklenici vody, trochu se člověk ukojí i žádostí.“ (BR, 488) „Jak je to podivuhodné, že? Šeřík — umírá, a přitom ještě pije, chlastá.“ — „To nejde, aby umírající pil.“ — „Při téhle schopnosti pít nemohu ještě s otcem zajít do zahradní pivnice na občanské plovárně.“ — „Proč jsem to v nemocnici někdy nezkusil s pivem . . .“ (Br, 491)

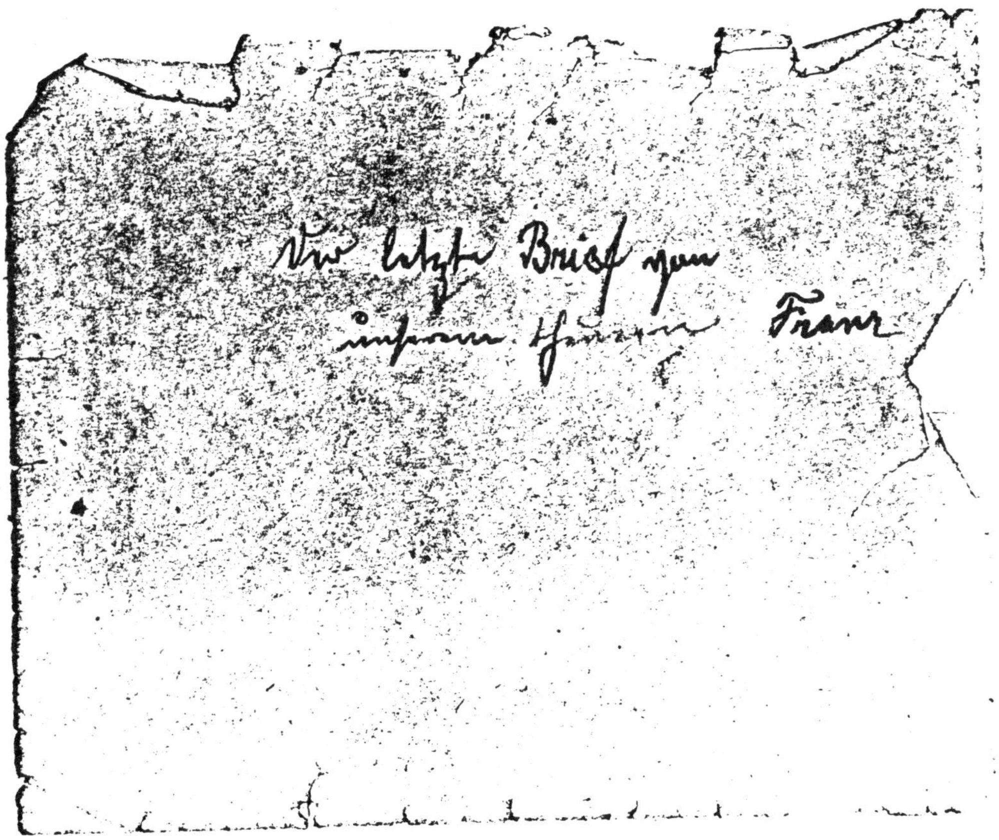
Der letzte Brief von
unserem theuren Franz

32 1

Liebste Eltern, also die Besuche, von denen Ihr manchmal schreibt. Ich überlege es jeden Tag, denn es ist für mich eine sehr wichtige Sache. So schön wäre es, so lange waren wir schon nicht beisammen, das Prager Beisammensein rechne ich nicht, das war eine Wohnungsstörung, aber friedlich paar Tage beisammensein, in einer schönen Gegend, allein, ich erinnere mich gar nicht, wann das eigentlich war, einmal paar Stunden in Franzensbad. Und dann „ein gutes Glas Bier" zusammentrinken, wie Ihr schreibt, woraus ich sehe, daß der Vater vom Heurigen nicht viel hält, worin ich ihm hinsichtlich des Bieres auch zustimme. Übrigens sind wir, wie ich mich jetzt während der Hitzen öfters erinnere, schon einmal regelmäßig gemeinsame Biertrinker gewesen vor vielen Jahren, wenn der Vater auf die Civilschwimmschule mich mitnahm.

Das und vieles andere spricht für den Besuch, aber zu viel spricht dagegen. Nun erstens wird ja wahrscheinlich der Vater wegen der Passchwierigkeiten nicht kommen können. Das nimmt natürlich dem Besuch einen großen Teil seines Sinnes, vor allem

[KIERLING, SANATORIUM DR. HOFFMANNA, 2. ČERVNA 1924][1]

Nejmilejší rodiče, tedy návštěvy, o nichž někdy píšete. Uvažuji o tom den co den, vždyť je to pro mne velice důležitá věc. Jak by to bylo krásné, tak dlouho jsme už nebyli pospolu, to, jak jsme spolu byli v Praze,[2] nepočítám, to bylo rušení klidu v bytě, ale být v klidu několik dní pohromadě, v krásné krajině, sami, vůbec si nevzpomínám, kdy k tomu vlastně došlo, jednou několik hodin ve Františkových Lázních. A pak spolu vypít „sklenici dobrého piva", jak píšete,[3] z čehož soudím, že si otec na mladé víno příliš nepotrpí, v čemž s ním, co se týče piva, také souhlasím.[4] Ostatně my jsme, jak si teď v těch vedrech často vzpomínám, už jednou spolu pravidelně pívali pivo, před mnoha lety, když mě otec brával na občanskou plovárnu.[5]

To a mnoho jiných věcí mluví pro návštěvu, ale příliš mnohé mluví proti ní. Tak za prvé nebude pravděpodobně moci přijet otec pro potíže s pasem.[6] To přirozeně návštěvě ubírá velkou část smyslu, hlavně ale tím bude mat-

Dopis, 2 dvojlisty 22×14 cm, 1., 3., 5., 6. a 7. strana popsány perem. V závěru připsáno tužkou rukou Franzovy sestry Ottly (potvrzeno její dcerou Věrou Saudkovou) latinkou Montag geschrieben am 2. 6. 1924 gestorben 3. 6. 1924. *Přiložena poškozená nepůvodní obálka s přípisem tužkou, kurentem:* Der letzte Brief von unserem theueren Franz, *zřejmě matčinou rukou.*

1) Datace tohoto dopisu je dalším z textově kritických problémů. Max Brod, který měl na rozdíl od Bindera a Wagenbacha k dispozici originál, datuje dopis dnem 2. června 1924. Editoři Dopisů Ottle a rodině jej datují „přibližně 19. května 1924". Vzniká tedy otázka, zda jde o úplně poslední, navíc nedokončený dopis z Kafkovy ruky, psaný in articulo mortis, s „kafkovským" závěrem, rovněž neukončeným, z ruky Dory Diamantové, nebo o text o celé dva týdny mladší, po němž ještě následoval lístek Brodovi a přípis na lístku rodičům. Podle našeho názoru je třeba dopis datovat ve shodě s Brodem. I kdybychom nebrali v úvahu přípisy dvojí rukou, které to výslovně potvrzují, svědčí pro to i některé důvody obsahové. Citace z rodičovského dopisu o „sklenici dobrého piva" a nová zmínka o mladém víně řadí tento dopis do časové souvislosti s dopisem předchozím (č. 31) a s lístkem z 26. května 1924.

2) Kafka má na mysli svůj krátký pobyt v Praze po návratu z Berlína 17. 3. 1924 do odjezdu do sanatoria Wienerwald 5. 4. 1924.

3) Zřejmě na lístku z neděle 18. května 1923 (viz dopis č. 31, pozn.1).

4) Viz dopis č. 31 a k němu pozn. 5.

5) Viz jeden z Gesprächsblätter (Br, 491 — dopis č. 31, pozn. 3) a svědectví Maxe Broda („Tuze často myslel na otce, jak s ním chodil do lázní, jak vydatně pili a jedli. Vypráví Doře: ‚Jako malý chlapec, když jsem ještě neuměl plavat, chodil jsem někdy s otcem, který taky neuměl plavat, do oddělení pro neplavce. Potom jsme sedali nazí u bufetu, každý jeden vuřt a dohromady půl litru piva. Otec obyčejně nosil vuřty s sebou, protože na plovárně byly příliš drahé.' " (Bi, 18; Ži, 216)

32[2]

aber wird dadurch die Mutter, von wem ~~ist~~
immer sie auch sonst begleitet sei, allzu-
sehr auf mich hingeleitet sein, auf mich
verwiesen sein und ich bin noch immer nicht
sehr schön, gar nicht sehenswert. Die Schwierig-
keiten der ersten Zeit hier und in Wien
kennt Ihr, sie haben mich etwas herunter-
gebracht, sie verhinderten ein schnelles
Hinuntergehn des Fiebers, das an meiner
weitern Schwächung arbeitete; die Überraschung
der Kehlkopfsache schwächte in der ersten
Zeit mehr, als sachlich ihr zukam –
erst jetzt arbeite ich mich mit der in
der Ferne völlig ~~noch~~ unvorstellbaren Hilfe
von Dora und Robert (was wäre ich ohne
sie!) aus allen diesen Schwächungen hinaus.
Störungen gibt es auch jetzt, so z.B. ein
noch nicht ganz überwundener Darmkatarrh
aus den letzten Tagen. Das alles wirkt zusam-
men, dass ich trotz meiner wunderbaren Helfer,
trotz guter Luft und Kost, fast täglichen Luftbades
noch immer nicht recht erholt bin, ja im
ganzen nicht einmal so imstande, wie etwa
letzthin in Prag. Rechnet Ihr noch hin-
zu, dass ich nur flüsternd sprechen darf
und auch dies nicht zu oft, Ihr werdet gern
auch den Besuch verschieben. Alles ist in den besten
Anfängen – letzthin konstatierte ein Professor eine

ka, ať už ji doprovází kdokoliv, příliš upoutána na mne, odkázána na mne, a já pořád ještě nejsem příliš krásný, nikterak hezký na pohled. Počáteční těžkosti tady a ve Vídni znáte, trochu mě sebraly; zabránily rychlému klesnutí horečky, která se přičinila o mé další oslabení; to překvapení s hrtanem[7] zpočátku oslabilo víc, než správně mělo — teprve teď se ze všech těch oslabení dostávám s pomocí Dory a Roberta, v té dálce naprosto nepředstavitelnou (co bych byl bez nich!). Poruchy jsou i teď, tak např. zcela nepřekonaný střevní katar z minulých dnů. To vše dohromady má za následek, že navzdory svým podivuhodným pomocníkům, vzdor dobrému vzduchu a stravě, téměř každodenní vzdušné lázni stále ještě nejsem jaksepatří zotavený, ba celkem ani v tak dobrém stavu jako třeba naposledy v Praze. Přičtete-li k tomu ještě, že mohu mluvit jen šeptem, a ani to ne příliš často, také návštěvu rádi odložíte. Všecko je v samých počátcích — onehdy konstatoval jeden profesor[8] podstatné zlepšení hrta-

6) Ve spisech Hermanna Kafky ve fondu policejního ředitelství v Praze se nalézá žádost Franzova otce o vydání pasu až z února 1926, starší žádost ani důvody, které by bránily vydání pasu, nejsou uváděny (viz fascikl Hermanna Kafky z SÚA, fond PŘ 1920—1930, sign. K 611/11, č. kart. 1495).

7) Tuberkulóza hrtanu byla u Kafky zjištěna na Hajkově klinice 10. dubna 1924. Někdy 20. dubna píše Kafka Brodovi: „Jestliže se člověk jednou smířil se skutečností tuberkulózy hrtanu, je můj stav snesitelný . . .“ (Br, 481)

8) Podle Maxe Broda prof. dr. Kurt Tschiassny (nar. 1884). „Dora mi vyprávěla, že Franz plakal radostí, když mu profesor Tschiassny (už v posledním stadiu) řekl, že v krku to vypadá líp. Že prý ji neustále objímal a říkal, že si nikdy tolik nepřál žít a být zdravý jako teď.“ (Bi, 182; Ži, 219—220)

32[3]

wesentliche Besserung des Kehlkopfes und wenn ich auch gerade diesem sehr liebenswürdigen und uneigennützigen Mann – er kommt wöchentlich einmal mit eigenem Automobil heraus und verlangt dafür fast nichts, so waren mir seine Worte doch ein grosser Trost — alles ist wie gesagt in den letzten Anfängen, aber auch die besten Anfänge sind nichts; wenn man dem Besuch – und gar einem Besuch, wie Ihr es wäret – nicht grosse unleugbare mit Laienaugen messbare Fortschritte zeigen kann, soll man es lieber bleiben lassen. Sollen wir es nicht also vorläufig bleiben lassen meine lieben Eltern?

Dass Ihr etwa meine Behandlung hier verbessern oder bereichern könntet, müsst Ihr nicht glauben. Zwar ist der Besitzer des Sanatoriums ein alter kranker Herr, der sich mit der Sache nicht viel abgeben kann und der Verkehr mit dem sehr unangenehmen Assistenzarzt ist mehr freundschaftlich als medizinisch, aber ausser gelegentlichen Spezialistenbesuchen ist vor allem Robert da, der sich von mir nicht rührt und statt an seine Prüfungen zu denken, mit allen seinen Kräften an mich denkt, dann ein junger Arzt, zu dem ich grosses Vertrauen habe (ich verdanke ihn wie auch den oben erwähnten Professor dem Arch. Ehrmann) und der

nu, a i když právě tomuto velice laskavému a nezištnému muži — přijíždí sem jednou týdně vlastním automobilem a skoro nic za to nežádá, [nevěřím,] tak mi jeho slova přece byla velikou útěchou — všecko je, jak řečeno, v samých začátcích, ale sebelepší počátky nejsou nic; nemůže-li člověk návštěvě — a zvláště návštěvě, jako byste byli Vy — ukázat velké nesporné, laickýma očima měřitelné pokroky, má od ní raději upustit. Nemáme tedy od ní zatím upustit, moji milí rodiče?

Nemyslete si, že byste zde snad mohli zlepšit nebo rozšířit moje léčení. Majitel sanatoria[9] je sice starý nemocný pán, který se tou věcí nemůže příliš zabývat, a styk s velice příjemným asistentem [10] je spíš přátelský než lékařský, ale kromě příležitostných návštěv specialistů[11] je zde především Robert, který se ode mne nehne, a místo aby myslel na své zkoušky, myslí ze všech svých sil na mne, pak jeden mladý lékař,[12] k němuž mám velikou důvěru (vděčím za něj stejně jako za výše zmíněného profesora arch. Ehrmannovi[13]) a který[14] sem jez-

9) MUDr. Hugo Hoffmann (nar. 1862), nemohl se pro žaludeční onemocnění pacientům svého sanatoria náležitě věnovat, proto péči o ně svěřoval svým asistentům. (RH, 126 a 132)

10) Kafka má pravděpodobně na mysli dr. Fritze Müllera, jenž jako začínající lékař majiteli sanatoria v Kierlingu pomáhal a Kafku ošetřoval. (RH, 132 a 134)

11) Do Kierlingu jezdili ke Kafkovi vídeňští specialisté prof. dr. Heinrich Neumann a jeho první asistent doc. dr. Oscar Beck. Doc. Beck napsal 3. 5. 1924 Felixi Weltschovi, který návštěvy obou lékařů zprostředkoval, dopis, v němž konstatoval tuberkulózní rozpad hrtanu (viz dopis č. 29, pozn. 3).

12) Nezjištěno, zřejmě nejde o doc. Becka, který byl o rok starší než Kafka.

13) Viz dopis č. 22, pozn. 4.

*14) Dále má rukopis dvojí znění (na dvou různých stranách): První, s nímž Kafka zřejmě nebyl spokojen, protože chtěl větu dokončit obšírněji, které však uvádí ještě počátek věty další (*sem jezdí 3krát týdně. Protože se takto stavím k návštěvě,*). Druhé znění, psané výjimečně na protější sudé straně, upravuje závěr zmíněné věty (*sem jezdí třikrát týdně, ovšem dosud ne autem, nýbrž skromně dráhou a autobusem*), na jejím konci však pisateli zřejmě došly síly a pero převzala Dora Diamantová.*

32[4]

3 mal der Woche heraus kommt.
Da ich mich so in den Besuch verhalte;

allerdings noch nicht im Büro, sondern beschäftigten mit Bahn und Autobus dreimal wöchentlich heraus kommt.

Ich nehme Ihnen den Brief aus d. Hand. Es war ohnehin eine Leistung. Nur noch ein paar Zeilen, die seinem Bitten nach, sehr wichtig zu sein scheinen:

Montag geschrieben
am 2. 6. 1924
gestorben 3. 6. 1924

dí 3krát týdně.

Protože se takto stavím k návštěvě,
sem jezdí třikrát týdně, ovšem dosud ne autem, nýbrž skromně dráhou a autobusem.

Beru mu dopis z ruky. Byl to i tak výkon. Už jen pár řádek, které se podle toho, jak prosí, zdají velice důležité:[15)]

15) Přípis Dory Diamantové.

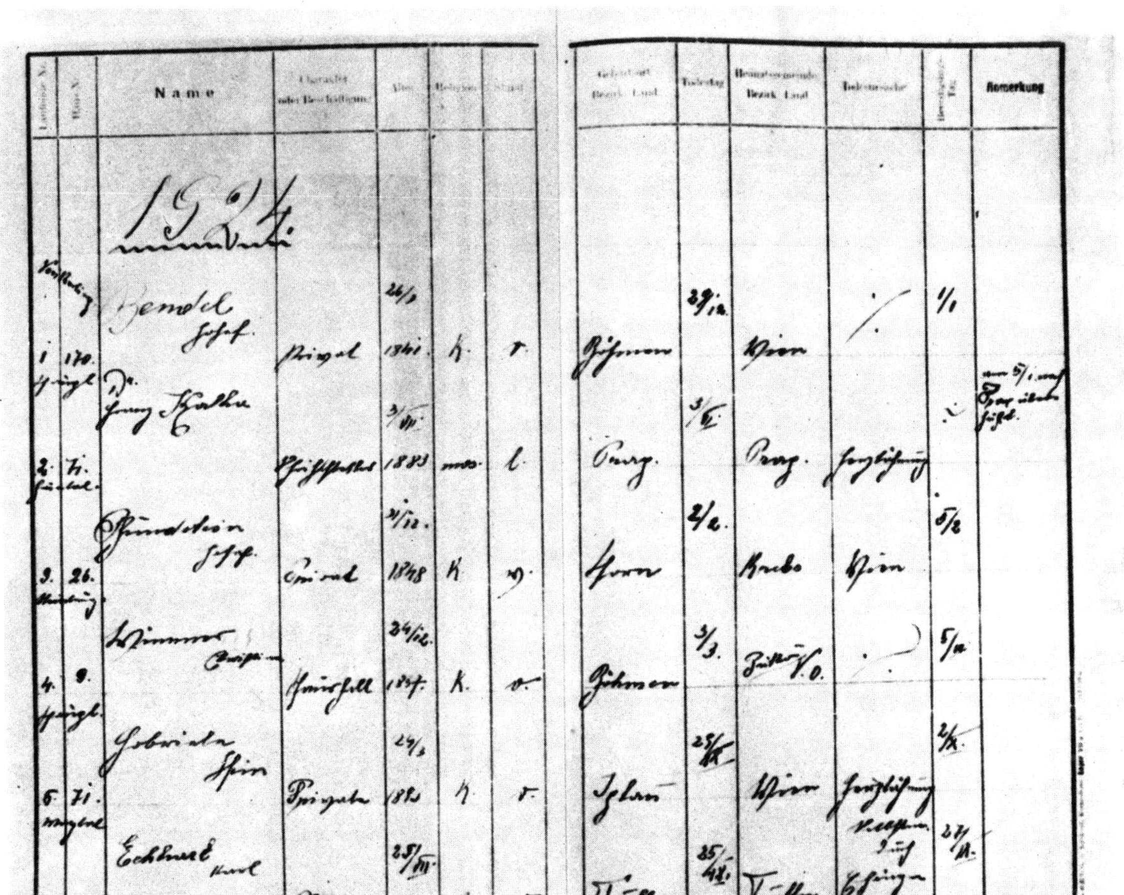

21 Zápis o Kafkově úmrtí v úmrtním protokolu sanatoria v Kierlingu (in RH)

EDIČNÍ POZNÁMKA

V dubnu roku 1986 byl jednomu pražskému antikvariátu prodán konvolut 32 kusů německy psané korespondence Franze Kafky rodině. Vzápětí jej do svých fondů získal Památník národního písemnictví v Praze, v jehož literárním archivu je nyní uchováván pod přírůstkovým číslem 27/86 jako součást osobního fondu Franze Kafky.

Tento rukopisný přírůstek obsahuje 9 dopisů, 22 dopisnic a 1 pohlednici z konce Kafkova života, z let 1922—1924. Nejstarší dopis byl napsán za pobytu v Plané nad Lužnicí v červenci roku 1922, 4 dopisy a 8 pohlednic odešly z Berlína-Steglitzu v období říjen 1923 — konec ledna 1924, 2 dopisy, 3 dopisnice a 1 pohlednice byly odeslány z Berlína-Zehlendorfu během února a první poloviny března 1924, zbývající korespondence je z Rakouska: 3 dopisnice ze sanatoria Wienerwald u vsi Ortmann z doby od 7. do 10. dubna 1924, 5 dopisnic z Vídně, z kliniky prof. Hajka, psaných ve dnech 11.—16. dubna 1924, a poslední 3 dopisnice a 2 dopisy ze sanatoria dr. Hoffmanna v Kierlingu z období 21. duben—počátek června 1924, kdy Franz Kafka zemřel.

Jak je známo, poslední léta Kafkova života jsou v jeho korespondenci a denících celkově mnohem méně dokumentována než léta mladší. To platí i o okruhu dopisů adresovaných členům rodiny, které vyšly ve svazku Dopisy Ottle a rodině *(Briefe an Ottla und die Familie, Frankfurt a. M. 1974) a jež byly začátkem šedesátých let nalezeny rovněž v Praze (viz Josef Čermák: Zpráva o neznámých kafkovských dokumentech. In: Franz Kafka. Liblická konference. Praha 1963, s. 249—252), které však vyšly bez české účasti po letech v zahraničí. Na první pohled je patrná mezerovitost korespondence z posledních let. Rok 1922 tu není zastoupen jediným dokladem právě tak jako léčebný pobyt v sanatoriu Wienerwald a na vídeňské klinice prof. Hajka. Nově nalezené písemnosti, jakkoli samy podávají důkazy o své neúplnosti, zaplňují tak zčásti mezery, které dosud máme v Kafkově rodinné korespondenci, a zpevňují faktografický základ Kafkovy biografie posledních měsíců jeho života. Vyvracejí tak mimo jiné mylnou domněnku vydavatelů* Dopisů Ottle a rodině, *že rodiče neuchovávali Franzovy dopisy, protože v synovi nespatřovali „ani klenot, ani spisovatele“ (O, 5).*

Klade se otázka, kdy a jak se nově nalezené materiály oddělily od ostatních dopisů rodičům, obsažených v Dopisech Ottle a rodině. *Zarážející je přitom jedna věc: Jeden dopis nového pražského nálezu (č. 32 našeho vydání), shodou okolností poslední v časovém pořadí, byl již — byť nepřesně — publikován. Vydal jej Max Brod ve své monografii* Franz Kafka. Eine Biographie *(Bi, 183—184; Ži, 221—222), poprvé roku 1937.*

Měl Brod za života Kafkových rodičů nebo později k dispozici pouze tento dopis a zbývajících 31 nikoliv, anebo znal všechny tyto dopisy a záměrně z nich nic v biografii ani ve své pozdější edici Dopisů 1902—1924 (Briefe 1902—1924, Frankfurt a. M. 1958) nepublikoval? Druhá možnost je málo pravděpodobná, uvážíme-li, že ve svazku Dopisů otiskuje i mnohem drobnější Kafkova sdělení adresovaná rodině, rodičům (Br, 94) nebo Ottle (Br, 247 nebo 301). Sotva by asi vynechal takové texty, jako jsou dopisy č. 1, 3, 12, 14, 18 či 31 našeho vydání. V Dopisech Ottle a rodině, které Josef Čermák v Praze přepsal z originálů počátkem 60. let a které později vydali Hartmut Binder s Klausem Wagenbachem, už žádný z těchto textů, ani dopis č. 32, známý z Brodova životopisu Franze Kafky, obsažen nebyl. Kdy a kým byly tyto dopisy vyčleněny z ostatní Kafkovy korespondence rodině, nelze zatím říci.

Majíce dnes v rukou originál dopisu č. 32, můžeme posoudit i zásahy jazykového rázu, které Max Brod v jeho textu provedl ve smyslu své ediční praxe, kterou později formuloval v Poznámkách vydavatele ve svazku Dopisů 1902—1924: „Kafkovy jazykové chyby, pragismy právě tak jako interpunkční nedopatření jsem neopravoval stejnou měrou jako při vydávání jeho básnických děl. Zasahoval jsem jen v nejnutnějších případech.“ (Br, 495) V jednom případě byl nicméně diametrálně změněn smysl (styk s velice nepříjemným asistentem místo správného ... příjemným ...), v několika dalších případech nacházíme neodůvodněné drobnější změny smyslu. Hlavně však Brod nepublikoval velice důležitý přípis Dory Diamantové ani dvojí znění Kafkovy poslední věty (viz dopis č. 32, pozn. 9). Brodův text se všemi nedostatky pochopitelně převzali Binder s Wagenbachem pro knižní vydání (O, 155—156).

Dopisy našeho souboru nenechávají na pochybách — dokazuje to Kafkovo číslování (musíme např. předpokládat ztrátu 8—9 dopisů z Berlína z října až listopadu 1923, dopisnice z 13. 11. 1923 je označena číslem 10) i zpřetrhané časové a věcné souvislosti na řadě míst—, že máme co činit s fragmentem, ve své fragmentárnosti neúplným, podobně neúplným, jako jsou stále neúplné další okruhy Kafkovy korespondence. Nový nález nejenom nevylučuje, nýbrž posiluje naději mnoha kafkovských badatelů, že materiálové „objevy“ nejsou u tohoto spisovatele zatím vyloučeny.

Dopisy i dopisnice jsou psány většinou perem s častými dodatečnými přípisy Kafkovými i Dořinými (výjimečný je přípis Ottlin), psanými někdy tužkou. Škrtů je poměrně málo a jsou zpravidla drobné, až na dopis č. 13, kde je škrtnut souvislý text o 27 slovech. Jsou však provedeny s pedantskou důkladností, jednotlivá slova jsou přeškrtána hustými kolmými čarami, takže často nelze, jako v uvedeném případě, škrtnutý

text rozluštit. V dobách berlínské nouze posílá Kafka hlavně dopisnice, protože neměl dost peněz na frankování dopisů, a usilovně zaplňuje každý centimetr volného místa, odtud množství marginálních přípisů. Většina dopisnic a některé dopisy mají i drobné pozdější přípisy cizí rukou, psané zřejmě matkou, které registrují — až na jeden případ, zdá se, věrně — místo odeslání a datum doručení. V posledních měsících života, kdy se Kafkovi už nedostávalo fyzických sil, přejímá až na výjimky roli hlavního pisatele Dora Diamantová a Kafka připisuje kratší sdělení. Korespondence tak obráží postupný úbytek sil a drama blížící se smrti, přímo symbolicky vyjádřené dvojtečkou v závěru poslední nedokončené věty.

Kromě čtení několika málo míst působila editorům největší potíž datace dopisů. Až na dva případy nejsou dopisy Kafkou datovány. V mnoha případech napovědělo dataci datum poštovního razítka; jeho konfrontace s Kafkovým občasným uváděním dne v týdnu, kdy dopis psal, ukázala, že Kafka psal pouze dva dopisy den předtím, než je dal na poštu. U několika dopisnic byla frankatura později odlepena. U většiny dopisů bylo třeba určovat dataci podle obsahu a v souvislosti s ostatní korespondencí a s pomocí sekundární literatury. Nepodařilo se to vždy s absolutní přesností, ale aspoň přibližně. V souvislosti s tím může být upřesněna datace některých dříve publikovaných textů z Dopisů Ottle a rodině, vydaných Binderem a Wagenbachem, z Dopisů Mileně, vydaných Jürgenem Bornem a Michaelem Müllerem, i ze starší Brodovy edice Dopisů 1902—1924. Při stanovení jednotlivých datací uvádíme, většinou formou citací a odkazů, důkazy, o něž jsme se ve své práci opírali. Učinili jsme tak mj. proto, aby ti, kdo přijdou po nás, mohli snáze dospět k cíli, jestliže jsme se někde dali nesprávnou cestou.

Závěrem editoři děkují všem, kdo jim pomáhali při zjišťování obtížně zjistitelných údajů, především pak paní Věře Saudkové, neteři Franze Kafky, za poskytnutí cenných informací týkajících se Kafkovy rodiny, paní Rotraut Hackermüllerové z Vídně za pomoc při zjišťování údajů souvisejících s Kafkovým pobytem v rakouských léčebnách, prof. Hartmutu Binderovi za ochotu, s níž nám pomáhal objasnit nejobtížnější detaily textů, a prof. Jürgenu Bornovi za zpřístupnění sloupcové korektury soupisu literárních děl Kafkou citovaných.

J. Č.—M. S.

SEZNAM ZKRATEK NEJČASTĚJI POUŽITÉ LITERATURY

BH I — *Kafka-Handbuch. Bd. 1: Der Mensch und seine Zeit. Hrsg. v. Hartmut Binder unter Mitarbeit zahlreicher Fachwissenschaftler. Stuttgart, Alfred Kröner 1979*
Bi — *Max Brod, Franz Kafka. Eine Biographie. Frankfurt a. M., S. Fischer 1966 (in: Über Franz Kafka, s. 9—219)*
Br — *Franz Kafka, Briefe 1902—1924. Hrsg. v. Max Brod. Frankfurt a. M., S. Fischer 1958*
F — *Franz Kafka: Briefe an Felice und andere Korrespondenz aus der Verlobungszeit. Hrsg. v. Erich Heller u. Jürgen Born. Frankfurt a. M., S. Fischer 1967*
FKAS — *Klaus Hermsdorf, Franz Kafka. Amtliche Schriften. Berlin, Akademie-Verlag 1984*
HE — *Klaus Hermsdorf, Briefe des Versicherungsangestellten Franz Kafka, in: Sinn und Form IX (1957), s. 639—662*
KW — *Klaus Wagenbach, Franz Kafka. Pictures of a Life. New York, Panteon Books 1984*
L — *Jaromír Loužil, Dopisy Franze Kafky Dělnické úrazové pojišťovně pro Čechy v Praze, in: Sborník Národního musea v Praze — Acta Musei Nationalis Pragae, řada C, sv. VIII (1963), s. 57—83*
LA PNP, FK — *literární archív Památníku národního písemnictví v Praze, fond Franze Kafky*
M — *Franz Kafka, Briefe an Milena. Erweiterte u. neugeordnete Ausgabe. Hrsg. v. Jürgen Born u. Michael Müller. Frankfurt a. M., S. Fischer 1986*
O — *Franz Kafka, Briefe an Ottla und die Familie. Hrsg. v. Hartmut Binder u. Klaus Wagenbach. Frankfurt a. M., S. Fischer 1974*
RH — *Rotraut Hackermüller. Das Leben, das mich stört. Wien—Berlin, Medusa Verlag 1984*
SÚA PŘ — *Státní ústřední archív v Praze, fond Policejní ředitelství*
Ži — *Max Brod, Franz Kafka. Životopis. Přeložili Josef Čermák a Vladimír Kafka. Praha, Odeon 1966*

22

22 Rodiče Julie a Hermann Kafkovi v 2. polovině 20. let (in KW)
23 Kafkova nejmladší sestra Ottla (Ottilie), provdaná Davidová (in KW)
24 Ottlin manžel JUDr. Josef David (in KW)
25 Kafkova nejstarší sestra Elli (Gabriele) s manželem Karlem Hermannem (in KW)
26 Kafkova třetí sestra Valli (Valerie) s manželem Josefem Pollakem (in KW)

23

24

25

26

28

27

29

30

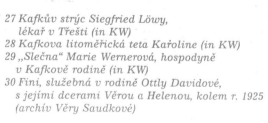

27 Kafkův strýc Siegfried Löwy, lékař v Třešti (in KW)
28 Kafkova litoměřická teta Karoline (in KW)
29 „Slečna" Marie Wernerová, hospodyně v Kafkově rodině (in KW)
30 Fini, služebná v rodině Ottly Davidové, s jejími dcerami Věrou a Helenou, kolem r. 1925 (archív Věry Saudkové)

31

34

32

35

31 Max Brod (in KW)
32 Felix Weltsch (foto LA PNP)
33 Robert Klopstock (in KW)
34 Dora Diamantová (in KW)
35 Recitátor Ludwig Hardt (in RH)

33

36

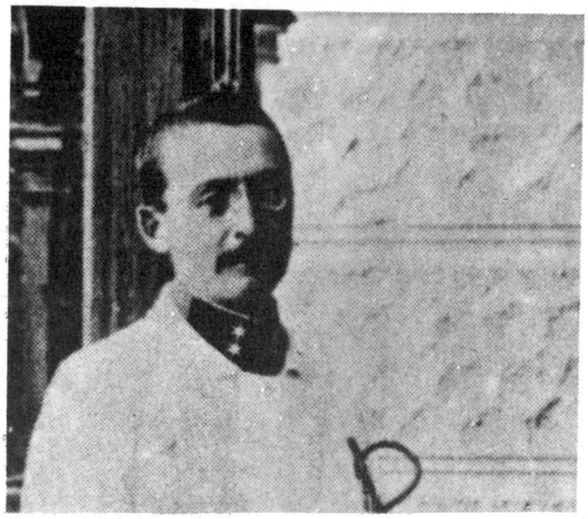

37

36—37 Majitelé sanatoria Wienerwald MUDr. Hugo Kraus a MUDr. Arthur Baer (in RH)
38 Prof MUDr. Marcus Hajek, přednosta laryngologické kliniky ve Vídni (in RH)
39 Majitel sanatoria v Kierlingu MUDr. Hugo Hoffmann (in RH)

38

39

Nakladatelství Odeon děkuje Památníku národního písemnictví v Praze za laskavé zpřístupnění Kafkových dopisů a souhlas s jejich uveřejněním v této knize.

Dále děkuje osobám, především pí Rotraut Hackermüllerové a dr. Klausu Wagenbachovi, a institucím, které pro tuto publikaci poskytly svou fotodokumentaci nebo z jejichž děl byla převzata.

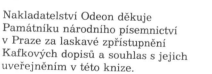

FRANZ KAFKA
DOPISY RODIČŮM Z LET 1922—1924

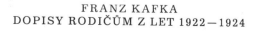

JMENNÝ
REJSTŘÍK

FRANZ KAFKA / DOPISY RODIČŮM Z LET 1922—1924

Z NĚMECKÝCH RUKOPISŮ PŘELOŽIL A ÚVOD NAPSAL
JOSEF ČERMÁK.
TEXTOVÁ PŘÍPRAVA, KOMENTÁŘ, EDIČNÍ POZNÁMKA
A VÝBĚR OBRAZOVÉHO MATERIÁLU JOSEF ČERMÁK
A MARTIN SVATOŠ.
JMENNÝ REJSTŘÍK MARTIN SVATOŠ.
TYPOGRAFIE ROSTISLAV VANĚK.
VYDAL ODEON, NAKLADATELSTVÍ KRÁSNÉ LITERATURY
A UMĚNÍ, N. P.,
JAKO SVOU 4 980. PUBLIKACI V REDAKCI KRÁSNÉ LITERATURY.
PRAHA 1990.
ODPOVĚDNÁ REDAKTORKA BOŽENA KOSEKOVÁ.
VÝTVARNÝ REDAKTOR VLADIMÍR NÁROŽNÍK.
TECHNICKÁ REDAKTORKA MARTA BUDILOVÁ.
SAZBU Z PÍSMA DIGI ANTIQUA ZHOTOVILA SVOBODA N. P.,
ZÁVOD 4, PRAHA.
VYTISKLA POLYGRAFIA, N. P.
11,44 AUTORSKÝCH ARCHŮ / TEXT 5,09 AA,
OBRAZOVÝ MATERIÁL 6,35 AA/, 11,61 VYDAVATELSKÝCH ARCHŮ.
VYDÁNÍ ČESKÉ PRVNÍ. 604 22 858.
NÁKLAD 30 000 VÝTISKŮ. 13/34. 01-073-90.
CENA VÁZ. 52 KČS